教育改革を問う

キーパーソン7人と考える「最新論争点」

中西 茂
玉川大学教育学部教授
教育ジャーナリスト

教育開発研究所

はじめに

　教育問題を取材し始めてまもなく30年になろうとしています。この間、教育改革は常に論じられてきましたし、改革論議はそれ以前から綿々と続いてきました。まるで改革をやめたら倒れてしまうコマのようです。改革疲れという言葉を耳にしたのも昨日今日の話ではありません。教育改革をやめたらどうかという提案さえありますが、現実にはそうはなりそうもありません。とくにこの10数年は社会の変化が激しく、改革の速度もアップしているという印象です。

　本書は、現在の教育界のキーパーソンに選んだ7人のインタビューと合わせて、教育開発研究所の学校管理職向け月刊誌『別冊教職研修「学校管理職合格セミナー」』に掲載された巻頭コラム「教育界最新論争点」の足かけ13年分（２００９年～２０２１年）１２７本のうち28本を選んで再構成しました。本書はこの間の議論を振り返り、10年、20年先の教育界を見通そうと試みています。教育界の現在、過去、未来を考える温故知新の試みとも言えます。

　キーパーソンの7人とは、教職員支援機構理事長の荒瀬克己《あらせかつみ》さん、東北大学教授の青木栄一《あおきえいいち》さん、熊本市教育長の遠藤洋路《えんどうひろみち》さん、文化庁次長（前内閣府審議官）の合田哲雄《ごうだてつお》さん、教育研究家の妹尾昌俊《せのおまさとし》さん、東京理科大学教授の八並光俊《やつなみみつとし》さん、東京都三鷹市教育長の貝ノ瀬滋《かいのせしげる》さんです。それぞれの方がなぜキーマンなのかは、各インタビューのリード文を読んでいただきたいのですが、テーマは教員の資質能力や文部行政、ICT、働き方、生徒指導、コミュニティ・スクールなど多岐にわたっています。

　この間、教育界は、GIGAスクール構想の前倒しもあって、脱ゆとりの先へと一歩も二歩も進んだものの、教員の働き方改革は道半ばであり、いじめ問題も深刻さを増しています。改革を主導する政治の世界では、3年間の民主党政権（2009年～2012年）のあと、再登板した第二次以降の安倍《あべ》内閣で教育改革がさらに進みました。13年というのは、小学校に入った子どもがまもなく20歳になるというほどの期間ですが、この間の社会を激変させた大きな要因の一つがインターネット環境であることは間違いないでしょう。その象徴であるスマートフォンの世帯普及率は、2010年の9・7％から2020年には86・8％にまで達しました（2020年の総務省通信利用動向調査報告書・世帯編）。

　編集部に厳選してもらった過去の原稿を通して読むと、筆者自身も「こんな指摘があったのか」「こんな主張をしていたのか」と思い出すことがあります。また、インタビュイーの一人、青木さんが、教員の資質能力向上を巡る議論で、「民主党と自民党の間に一致点があった気がする」「かみ合わなかったのが残念」と発言しているのは重要な指摘です。

　7人のインタビューはそれぞれが絡み合っています。たとえば「余裕のある教員採用を」という提案は荒瀬さんと妹尾さんの両方がしています。ICT化、DXの捉え方は遠藤さんと合田さんの両方を読んでいただきたいですし、教育政策の進め方に関わる文科省と他省庁との関係については、合田さんが内から、青木さんが外から語っています。妹尾さんは最後に、貝ノ瀬さんの〝専売特許〟であるコミュニティ・スクールの活用を提案していますし、校則見直しに代表される民主主義の視点からは、八並さんと2人の教育長の見方が連動します。本書はそんな重層的な読み方ができる構成になっています。

　教育は常に論争が起きるものです。誰もが教育を受けた経験をもとに一家言を持っています。そして、どれが正しいと言い切れない。そこがむずかしくておもしろい。教育論争は正解のない問いを考える原点のような気がしていますが、本書を読んで、自分なりの答えを探していただければ幸いです。

2022年11月

中西 茂

PART.3

PART.4

PART.5

働き方改革

PART.6

生徒指導

教員を巡る政策を

荒瀬 克己さん（教職員支援機構理事長）に聞く——

京都市立堀川高校を「堀川の奇跡」と言われるまで躍進させた元校長は、大学の教員を経ていま、独立行政法人「教職員支援機構」（NITS《ニッツ》）の理事長として、教員免許更新制が廃止された後の新しい研修体制の構築に大きな影響力と責任を持っている。中央教育審議会の副会長・初等中等教育分科会長という立場でもあり、その発言が注目される存在だ。話題が、これからの教師、そして校長の在り方に及んだのは当然の成り行きだった。

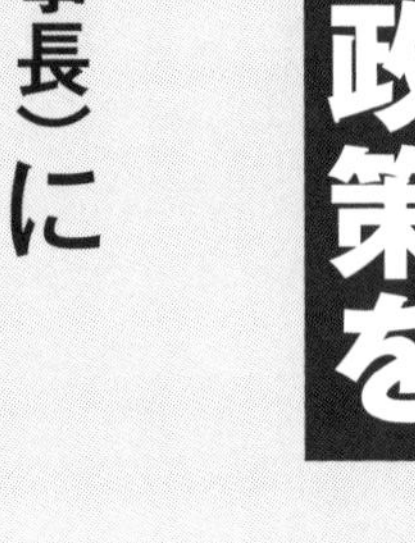
荒川潤撮影

あらせ・かつみ●1953年生まれ。京都府出身。2003年〜2012年に京都市立堀川高校長を務めた後、京都市教育委員会教育企画監、大谷大学教授、関西国際大学学長補佐などを経て独立行政法人教職員支援機構理事長。その間、中央教育審議会初等中等教育分科会、教育課程部会をはじめ多くの委員や部会長を歴任。主な著書に『奇跡と呼ばれた学校』（朝日新聞出版）、『子どもが自立する学校』（共著、青灯社）など。

校内研修が重要になる

これからの教師を考える大前提として、これからの日本の学校はどう変わっていくのか、どんな学校を目指すのか。まずその点から切り出した。

「まさに学習指導要領と2021年1月の中教審答申（「令和の日本型学校教育」の構築を目指して）にあるように、子どもが主語になる学校をつくっていく、つまり、子どもが自ら学び、学び合う学校をつくるということです。これまでもよく言われてきたことですが、先生が一方的に話をして、子どもが一生懸命聞きとって、どれだけ頭の中に正確に入れたかを、たとえばテストで確認するという形も、まったく要らないというわけではないと思うんですが、子どもたち自身が自分で問いを立て、立てた問いに向けて自ら試行錯誤しながら、いろんな人と関わりながら、自分の解を求めていく、そういう学びのスタイルを大事にしていく学校をつくっていこうということです」

荒瀬さんは、自らも高校の校長時代に追求した「探究型の学習」、あるいは「知識の活用力」が必要だと説明する。「だからといって知識が要らないわけではまったくなくて、必要な知識はしっかりと身につけたうえで、そのあとそれらの知識を使って（子どもが）自ら考えて具体的に自らの学びを組み立てていく。それを助けて支える学校になったらいいなと思います。

教師は、いかにそういう学びを導き、背中を押し、必要な場面で助けに向かうか、あるいは、じっと見守るかということです」

筆者はいま、教員養成をする学部に身を置いている。天に唾するようだが、「そういう教師を育てるという点で、ギャップを感じる」と話を向けると、「確かにとてもむずかしいですが、ただし、教師って一括りで括れませんよね。生徒を一括りで括れないように」という答えが返ってきた。「教師のキャリア発達を考えるうえでは、どの段階でどういう力が必要で、それぞれの持つ力がどう組み合わさって指導に当たっていくかという視点が大事です」

「もし子どもたちの課題に学校が追いついてないとしたら」。荒瀬さんは二つの要素を示した。一つはやはり個々の教員の力が足りないこと。もう一つは個々の教員の力をうまく組み合わせてアレンジして学校教育を進めていくマネジメントの力が十分でないこと。個々の教師の指導力と学校としての組織的教育力、その両方が必要だという。

「教師は長年培ってきた力、経験知による面も相当多い仕事ですから、若い先生が増えてくると、やや心配な場面が増えているということも言えるでしょう。いまある力を有効に働かせて学校としての力を発揮するためのマネジメントが重要です。誰もが十分な力を備えているなら、それぞれが自由にやれば教育効果が上がるでしょうから、マネジメントを気にする必要はないのでしょう。現状をしっかり見つめて、どういう状況であるのか、何がよくて何が足りないのかといったことを、教師自身もそうですが、管理職が問いを立てて取り組む必要があります。このために研修がポイントになる」

ではこれからどういう形の研修が理想なのか。

「更新制のメリットもあったと思うんですが、更新講習を受けた個々の先生の力が学校という組織の力になり得ていたかというと、十分ではなかったと言わざるを得ない。また、10年に一度でよいと思われてしまったら本末転倒。学び続けることが大事なんです。必要に応じて必要な事柄を学んで実際に学校教育に生かしていくことが大切なわけですから、そこにもっとシフトしていこうということです」

つまり「学んだことに基づいて学校、学年、学級、子ども一人一人の課題にどう向き合い、どう支えていくかを考える、校内研修の充実が大事になってくる」となるのは必然か。

それは中教審の審議まとめにもあるし、NITSも同じスタンスだと荒瀬さんは強調する。

コロナ禍で教員の研修もオンラインが増えた。

「オンラインの隔靴掻痒感はありますが、子育てや介護といったそれぞれの事情を抱えた人が参加しやすくなった。（NITSのある茨城県つくば市での）中央研修も女性比率が高まりました。1週間泊まり込んでの研修はそれなりのハードルの高さがありました」

「教師が学び続ける必要がある」ということは、筆者が中教審の教員養成部会や教員の資質能力向上特別部会の臨時委員だったころからずっと言われ続けてきた。いま学生にも話している。しかし、学び続けているかどうかは人によって差が大きい。

「これまでの校内研修は、現状の課題にどう取り組んでいくかということとの結びつきが必ずしも強くなかった。それを強めた研修にしていくことで、つまり多くの教師にとって必要だと感じる研修をデザインすることで、教員間の学習意欲のバラつきを減らすことにつながると思います。校内研修が、教職員個々の学びを進め、力を重ねるきっかけになれば素敵ですね」

管理職像も変わる

教師の力をうまく組み合わせていくという観点からは、管理職の資質が問われる。

「これからの管理職にはアセスメント能力が大事だと言われる。何をアセスメントするか。学校の現状をしっかりと把握して共有することが一番大事だと思うんですね。これまでの管理職は『私はこう考えるからこうしなさい』というタイプが比較的多かったと思いますが、これからはコーディネーターとしての役割を持つ必要がある。いろんな人の意見を聞きながらうまく組み合わせていくことが大事になってくると思うんです。私は『組織としてのメタ認知』という言葉を使っています。個人のメタ認知はむずかしい。できないから『人のふり見て我がふり直せ』ということわざがある。でも『組織としてのメタ認知』は、組織の構成員が自分の見たこと、聞いたこと、感じたことなどを出し合えばいい。そこで、出し合える場をつくる必要がある」

「ところが出し合う場の前提となるコミュニケーションはむずかしい。たとえば、一つの言葉が定義されないまま違った意味で使われるケースが学校の中でたくさんある。『学力』が一番あいまいな言葉であったりする。そういった言葉をいかに意味を共有して使うかが大事。もう一つは、学校という場が話のできる場、話そうと思える場であるかどうか。その人が話したいと思える相手であるかどうか。自分が、その人にとって話したいと思える相手でないと知るのはつらいですが、そのつらさを抱えつつも、そういった場を何とかつくっていくのが、管理職の非常に重要な仕事になります」

その場合、管理職にどういう人を据えるのかという教育委員会の役割が大事になってくる。管理職になってほしい人が変わってきているのだろうか。

「指示・命令を出せる管理職が要らないわけではないですが、その内容とか、基になる材料をどう集めるかが問われていく。いろんな人の考えを集めて共有しながら『組織としてのメタ認知』を進めることができるような管理職が必要になってくる。一種のファシリテーターでしょうか」

そういう管理職を起用するには何が必要かと問うと、すぐに返ってきた答えが「一番簡単な方法は若い管理職をつくることです。若いといろんな人の言うことを聞かざるを得ない」だった。荒瀬さん自身が40代の半ばで管理職になっている。

「周りは先輩だらけ。知らないことは多いし、できないことはいっぱいだし、いろんな人の話を聞くしかない。まだまだ学ばなければならないという意識も自然に生まれるし、この人はすごいとお世辞抜きで思える。そういう人たちの話を含めて、いろんな人の思いや考えや感覚を集めていくことが『組織としてのメタ認知』には必要です。だから、何歳以上でないとなれないといった、教頭や校長の年齢制限はほとんど意味がなくなりつつある。みんなの意見をまとめて一つの方向に持っていく力があれば、若くても管理職にどんどんなっていけばいいと思うんです」

「まだまだ学ばなければ」。そういう管理職であってほしいと思う。

「『あがり』の仕事になってしまうと、失敗するリスクを避けて大過なく過ごすことを最重要目標にしてしまう傾向が生じるのは当然。『あがり』は誰だってきれいでありたい。そうなるとミスを隠すことも考えてしまうかもしれない。仕事をすれば、しかもそれが挑戦的な仕事であればなおのこと、失敗は付きもの。致命的な失敗は何としても避けなければならないが、失敗から学ぶ姿勢が、校長には必要だと思います」

現実はどうだろうか。文部科学省の2019年度の学校教員統計調査では、公立学校の校長の平均年齢は58歳前後。40代後半は最も多い小学校で134人、40代前半だと3人にとどまる。そもそも、副校長・教頭が多忙でなり手がいない問題はどうするのか。

「管理職の仕事として重要なのは仕事の峻別です。本当に要る仕事か要らない仕事かを分けないとだめ。公立であれば教育委員会としょっちゅうやり取りしているわけで、しっかりと勉強してこれは要らないと一生懸命言い続けることが必要です」

教育委員会との関係性が大事なのは間違いない。ただ、教育委員会にはっきりとモノ言える管理職はどれだけいるだろうか。

荒瀬さん自身が管理職だったのは10年ほど前までだ。変化の激しい時代だけに10年前と違いはないのだろうか。

「周りとの関わりが違ってきている。教育委員会もそうだが、保護者、地域との関係をどうつくっていくのかもとても大事です」としながらも、「少なくとも校長の仕事ってあんまり変わらないんじゃないかな」と意外なほどすっぱりと言い切った。

「現状をしっかり捉え、たとえ不都合なものでもしっかり受けとめ、そのなかで自分のいる学校の生徒や先生それぞれに最もいい解は何かを考えていくのが（管理職の）仕事であるわけですから、その点は変わらないと思うんですね」

そして改めて「組織としてのメタ認知」の話になった。

「メタ認知をしたうえで目標設定して、つまり現状に基づく目標設定をするわけです。目標－現状＝課題という図式が書ける。これは見た目には、まず目標を先に立てるように見える。しかし、本当に大事なのは現状をしっかり見る、受けとめることで、その現状に応じた目標を設定していく。そして取り組んでいくと現状が変わっていく。そうなれば当然、目標もまた変わっていく。この三つを変数として捉えることが大事だと思うんです。現状を見ないで、『がんばれ、がんばれ』では通用しない。周囲は困るか、白けるかです。そのへんの話は昔もいまも変わらないんじゃないかなと思います」

とてもわかりやすい。

「全部が変数ですから、『組織としてのメタ認知』はずっと続けて、注意深く現状と目標と課題について見続けていく必要がある。学校としてはもちろん、一人一人の子どもにとっても目標 - 現状 = 課題があるわけで、一人一人、一つ一つを丁寧に、誠実に、柔軟に見ていくことが大事で、それをまとめるのが校長の仕事じゃないかと思います」

校長には頭の柔らかさが必要だと受けとめた。

校長の任期は長く

校長が多忙かどうかについて、こんなやりとりがあった。

中西　有能な校長さんは、校長職は実は暇だよという話をよくされるんですけど。

荒瀬　いま暇っておっしゃいました?

中西　そうそう、暇。

荒瀬　それね、有能でなくても暇だと思いますよ(笑)。事実暇なんじゃないかな。

中西　暇っていうのもちょっと困るんですけどね（笑）。

飄々としたやりとりが、荒瀬さんの持ち味でもある。校長時代の事を聞きたくなった。

中西　ご自身の校長時代はどんな感じだったんですか。

荒瀬　校長浮遊論って言ってました。不要論じゃないですよ、浮遊論。

中西　ふゆうって浮かぶふゆうですか。

荒瀬　はい、漂っている感じ。

中西　そういえば学校内をうろうろしてたって話を伺った記憶があります。

「そういう意味もありますが、要は校長って『現場に最も近い他者』なんですよ。『現場に最も近い外の人』と言ってもいいかもしれない」といきなり核心に入った。

「現場にどっぷりつかってしまうと見えなくなる。逆に、渦中に入らないと見えないのも事実。そこで、渦中に入っても自由に抜け出せる、離れたり近づいたりできることが必要になります。つまり浮遊です。この技の習得は、視点というか視座というか、自分自身の見方や考え方について認識できることが前提。自分はどこにいてどの角度で見て考えているか。もちろん簡単ではありませんが、それがわかれば視座をずらして考えることもできます」

そのためには時間がかかる。「その意味では若い校長がいいとばかりは言えないけど、校長はもう少し長くやることが大事だ」と荒瀬さん。２０１１年度の公立学校教職員の人事行政状況調査では、校長の１校あたりの平均在職年数は２・９年。文科省はこの年を最後に、この項目の集計をやめてしまっていて、その後の変化がわからないが、短いままではないかというのが荒瀬さんの認識だ。

「１年目でいろいろ現場を見て、人の名前も覚え、関係もつくって、２年目からこんなことをやっていこうと動き出す。その結果を何で見るかというと、子どもの成長でしょう。小学校なら６年。中学・高校なら３年か４年。２年目から数えれば、中学や高校は最低４年必要だし、結果を見て新たな展開を考えるならもう少し時間が必要になってくる。小学校になるともう少し長くなってくる」

ＩＣＴや特別支援とどう向き合うか

次に新しいことが学校に入ってきている現状と、教員はどう向き合えばいいのか。

「よく言われる話ですが、ＩＣＴは道具です。ＩＣＴに慣れてきた学校の授業中の使い方はばらばらですよ。『ここではＩＣＴを使おう』『今日はみんなで模造紙に手書きしよう』と選択できる。先駆的な実践者も、研究者も、わかってらっしゃる方は、必要だったら使えばいいし、必要でないなら使わなくても全然問題はないと、当たり前のことをおっしゃっていてほっとします。選択できる、判断できることが、人間の教師には重要です」

特別支援教育も、近年の大きな課題だ。特別支援学級が増加し、教育を「個別最適化」することと相まって注目が集まる。

「40人の学級の中に6％、2人ないし3人いると固定化して考えられなくなって、グラデーションがかかった状況ですね。そういう環境では、インクルーシブ教育という発想が正しいと思うんですが、学級という集団のどの子にとっても一番いい方法はどうなのかと考えたときに、集団でできることはやったらいいんですけども、集団としてできない場合は個別の対応が必ず必要になってくる。これはなかなか大変ですが、教師がそういう対応をしていると、必ず子どもが気づいて、子ども同士が取り組むようになると思います。そこに導くのが教師の大事な仕事です。ただし、仕事が増えるわけですから、それに対する手立てが打たれなければならない。設置者が手厚い対応をできるかどうかだと思います」

現行の学習指導要領の総則には、カリキュラム・マネジメントに関連して「教育課程の実施に必要な人的又は物的な体制を確保する」と記されている。

「この点は、学校だけでは絶対できない。設置者の取組が不可欠で、教育委員会が学校ともっとしっかり話をしながらやっていくのが大事です。いまどうしても教育委員会主導でモノを決めていますから。教室の中で、教師主導型ではなく子どもたちを主語にした学校をつくっていくのと同じように、教育委員会も学校を、すなわち子どもを主語にする。教育委員会が上で学校が下みたいな考え方は、まさに、教師が上で子どもが下だという発想と相似形だと思います。そこを変えましょうと。子どもを主語にするというのはまさにそこだと思うんです」

余裕のある採用数を

教員採用倍率の低下や教師不足の問題も近年、大きな課題になっている。「担任が足りない。何とかしてくれ」という校長の悲鳴も聞こえる。

「非常にむずかしいと思うんですが、余分に採ることができるようにしておく必要があると思うんですね。児童生徒数で学級数が決まり、学級数に応じて先生の数が決まる状態ですが、その何%かは余分に採る。途中で何が起こるかわからないので、それを制度として整えていくことが大事だと思います」『その金どうするんだ』と言われそうですけど、『その金かけないでいったいこの国をどうするんですか』だと思うんですよね。将来に対する投資ですから」

この声が大きくなることを願う。

荒瀬さんがもう一つあげたのは幅広く人材を求めることだ。校長時代、特別免許状で入ってきた教員が2人いた。1人はJAXA《ジャクサ》で国際宇宙ステーションに関わった人、もう1人は大学院で博士号を取ろうとしていた。

「2人ともいまでも教員で、博士号をのちに取った人は教頭をやっています。いろんな人の入ってくる流れがあって、全然おかしくない。もっと幅広く採れる方法を考えることが大事」

「免許も、『基礎免許』を取ってまず教師になれるようにするとか、長期インターンシップみたいなものを考えていくとか。1年を通して、いわば長い教育実習をやっている、しかもちゃんと身分は保障されている状態で、教師は育てていくものだという認識が必要だと思いますね」

教員という仕事の負のスパイラルを正のスパイラルに戻すことが欠かせない。

「人が育っていくのを目の前で見る経験、この感動は何ものにも代えがたい。そういう若者が必ず出てきてくれると思っています。そのためには条件整備も働き方改革も必要だし、サバティカルの制度とかも本気で考える必要があると思うんですね。そのためにも余分に人を採っておくことがぜひとも必要ではないかと思います。これは要らない余分ではありません」

子どもの豊かな学びを保障するためには、教師の豊かな学びが前提になる。だから余分に採用することが必要なのだと荒瀬さんは力説する。「学ぶ過程で身につけたものが、学校としての組織的な教育力となっていきます。教育の根本は、人は必ず学ぶことを通して成長する、子どもも大人も。そのことを信じることです」ときっぱり。

「たとえば走り高跳びで1メートル跳ぶ人と2メートル跳ぶ人がいるとする。試合なら優劣は明白ですが、学ぶということにおいては単純ではない。むしろ高さが問題ではなく、跳ぶことに向けて取り組んでいく学びの過程で身につけたものが人としての豊かさとなるのではないでしょうか。それが子どもと接するときに意味を持った指導になっていく」

「教師の学びも子どもの学びも、結果ばかり言われるとモチベーションが下がる。成果の可視化は大事だが、成果が見えたからって本当にいい先生なのかは、ちょっと意味が違うと思うんですよね。教科の指導で大変優れた人を、すべての生徒がいい先生と思っているかは別。相当凸凹だけども、なんかあの人、人間として味わいがあるみたいな見方がある」

そこで筆者は大学1年生に読ませている重松清《しげまつきよし》さんの短編集『せんせい。』（新潮社）を話題にした。教師も人間として凸凹があって当然で、周りから見て困った教師も教師として影響力を持っているというような話がいくつもある。

荒瀬　同僚から見たらいやなやつが、結構、生徒に慕われてたりするんですよね。

中西　そうそうそう（笑）。ありますよね。

荒瀬　人って、何を見てよしとするかわからない。多様であるからいいわけじゃないですか。単一だったら子どもは豊かには育たない。子どもが多様、教師も多様であることはとても大事。

教員の研修情報のプラットフォーム化

ＮＩＴＳでは、全国の教育委員会や大学などと相談しながら、研修情報を一元的に見ることができるプラットフォームをつくろうとしている。今後の研修のカタチに、いま教育界の注目が集まる。

「先生が自分で学ぶということが大事ですから、プラットフォームにたくさんのものを載せたいわけですよね。質保証の点で一定の要件がかかるとは思いますが、ネットで見て面白そうだから参加してみようといったことができる、学びの場をたくさん手軽に見ていただけるようなものをつくっていきたい」

プラットフォームの構築にはお金も人も時間もかかる。

「繰り返しになりますが、学びのプロセスが大事だと思うんですよね。たとえば教育理論について学ぶ。実践で生かそうとするけれど、どうもうまくできない。十分にわかっていないのかもしれない。試行錯誤を重ねる。そうして学んでいく過程で、こんなことに気づいたとか、なかなかわからなくて、できなくて苦労したとか、いろんな人と話し合ったことが楽しかったとか、そういった経験をたくさん積んでいただけることが大事。豊かな学びとはそういうものだと思います。成長には回り道が重要で、豊かさを伴わなければだめだと思うんです。直線的に目標達成しましたというだけが成長ではない」

最後は、教育論そのもので締めくくった。

教員の資質能力向上策とは

2010年11月号

校長免許の是非

「学校は校長次第」とはよく言われることで、筆者もそう思うが、校長になるには免許はいらない。それでよいのだろうか。戦後まもないころには、校長免許どころか教育長免許まであった時代がある。また、米国などでは、校長になるために大学院で学ぶ制度もあると聞く。

❶筆者も臨時委員を務める文部科学省の中央教育審議会「教員の資質能力向上特別部会」では、100万人の教員を変えるより、校長を変えるほうが、教育改革には有効だという発言も出た。実績をあげている教育長や、民間出身の校長経験者が言うだけに、説得力があるのだ。

民主党の代表選の影にすっかり隠れてしまったが、9月の代表選の当日、この部会に「教員の資質向上方策の見直し及び教員免許更新制の効果検証に係る

❶民主党政権時代の2010年6月〜2012年6月の期間に12回開催され、同年8月に中教審答申となった。

調査」の速報が公表された。教員と校長併せて3万人余、さらに保護者や教育委員会、教職課程を持つ大学や学生にまで、4月から半年近くかけて聞いた大規模な調査である。

この調査には「特定の分野の資質能力を公証する資格を創設することは有益であるか」という設問があった。❷民主党政権が唱える、一般免許状の上位免許としての専門免許状を想定した設問とも読めるが、「そうは思わない」が教員、学校長、教育委員会でいずれも約6割に達した。「そう思う」は、校長で4人に1人、教員では5人に1人ほどである。

しかも、そう思うと答えた人に「有益と考えられる分野」を聞くと、特別支援教育には6割前後、生徒・進路指導には5割前後の賛同があるのに、学校経営への賛同は教員も校長も2割台にすぎない。

「資質能力を備えた人材を管理職として登用するための方策」という設問でも、「任命権者による管理職養成研修の充実」や「管理職選考の改善」は5割や4割と高率だが、「資格の新設」には1割前後の支持しか集まっていない。

これはどう考えればよいのだろう。管理職資格というのは、やはり学校文化を大きく壊すことになるのだろうか。だからこそ必要だという見方もできるかもしれない。

❷「一般免許」の取得を修士修了者とし、その上位に8年以上の実務経験等を求める「専門免許状」を設ける法案が、民主党政権成立前の2009年に提出され、参議院は通過したものの衆議院で廃案となった。

高い研修見直しの声

ここのところの特別部会の議論で、最も発言が多いのは、初任者研修を含めた教員研修の見直しについてだ。

初任者研修については、首都圏など、❸千人単位の新規採用をしているような自治体で、関係者から悲鳴があがっている。何年かに一度の新任教員だから、とかわいがってもらえた時代と違い、そもそも、物理的に面倒を見きれない数だというのである。

同じ新規採用といっても、4年制大学を出たての人ばかりとは限らず、非常勤講師として何年も教職の経験を持っていたり、大学院を出ていたりとさまざままであるため、同じような研修を続けるわけにはいかないという面もある。

1年目は担任を持たせない方針で臨み、2年目以降、担任を経験して初めて教員としての資質に疑問符がつく例もあるという。

さらに、学校が小規模化して全学年単学級の学校も増え、職場でのOJTがむずかしくなっている。

ある改革派教育長の委員は、「新規採用者をいきなり学校現場に配属せずに、教育委員会預かりとして徹底した研修を行い、その研修に全面的に大学が協力

❸2010年度公立学校教員採用選考の採用者総数は、多い順に東京都3033人、大阪府1824人、愛知県1626人、埼玉県1369人、千葉県1278人だった。

してほしい」と訴えた。

だが、研修の見直しの延長線上には、新たな資格や免許があると思うのは筆者だけだろうか。

教職大学院の「再出発」

この教育長は「若手の力量向上を、大学と教育委員会の協働による新たな研修に担わせることで、教職大学院はスクールリーダーを育成するプロフェッショナルスクールとして再出発が可能になる」とも説明する。

確かに、ストレートマスターと現職教員の両方が一緒に学ぶ教職大学院の現状は、互いに刺激になるという側面があるものの、不自然な点もある。どうしても現職教員がリードする面が多くなってしまうからだ。

また、標準の修業年限を2年としていながら、現職はたいてい1年だし、3年制や4年制のコースもあって、いったいどれだけが本来の教職大学院なのか、あいまいな面もある。

❹現状で25校の教職大学院は、ようやく定員を満たす状態のところも少なくない。これを何倍にも増やすとしたら、多大な費用がかかり、人材も必要となるが、❺教職大学院を出ても教員になれないとなれば、司法試験に合格しない

❹２０２２年5月現在、教職大学院は54校（国立・私立）まで増えたが、ただ定員充足率は平均80％に届かず２０２１年度の入学者で１００％に達したのは13校になる。

❺教職大学院修了者の教員就職状況はこれまで90％弱となっている。

法科大学院生以上に深刻な問題になるだろう。ただ、何らかの再出発が求められていることも確かである。

意外に高い更新講習の評価

❻教員免許の更新制は、少なくとも来年度は続くことになりそうである。対象となる年齢でありながら更新講習を受講しないままだと、今年度で失効する人が出るため、文科省は9月に注意を促す通知を出した。仮に更新制を廃止するような法案が国会に出ても、野党が多数の参議院では通らないという現実的な問題もある。

だが、それ以上に、前評判と違って、実際に❼受講した教員の評価は予想外に高いことが影響している。前述の調査でも、「専門性の高い内容だった」「新たな視点を持つことができる内容だった」「学校現場や教育委員会を離れた場での受講は良い刺激となった」などの項目で、「とても・ややそう思う」という肯定的な評価が半数を超えた。

また、文科省が集計した昨年度の事後評価結果でも、とくに選択領域の講習は、「よい」が約56%、「だいたいよい」も加えると90%を超えるのである。

むろん、費用負担の問題など、課題も多いが、こうした調査結果は、教員が

❻2022年7月に廃止。

❼導入当初であるため受講した教員の評価も甘めだったか。基本的に必修領域より選択領域の評価が高かったようだ。

外の世界の空気を吸うことの大切さを教えてくれている。

養成段階の難題

さて、養成段階の見直しはどうなのだろうか。「教員免許状は単に過去の学歴にすぎない」という声さえある。小学校教員養成課程に新規参入した私立大の影響で、理数科目に苦手意識を持つ小学校教員が増えるといった声も聞く。確かに、理科の実験が苦手な教員の増加で、小学校時代から理科嫌いが増えても困る。

そんな声を突き詰めていくと、とくに小学校段階での開放制の維持に消極的にならざるを得なくなるのだろうか。課程認定をもう少し厳しくすべきだという声もある。

しかし、開放制を維持せよという声はまだ多数派である。それより、教科に関する科目より教職に関する科目を減らしたことで、教員自身の基礎学力の不足が心配だという声のほうが強いかもしれない。これこそ難題であろう。

前述の調査では、養成段階で最も必要とされるのは、教員も学校長でも教育委員会でも「常識と教養」で、学校長や教育委員会では7割を超えた。大学で❽常識や教養がちゃんと身についているかと考えると、これ自体が心もとない。

❽大学で学生と接するようになって、教職課程の過密さをより感じるようになった。将来に役立つ教養を身につけるには時間的な余裕が必要ではないか。

教員の能力をどう向上させるか

2011年2月号

足踏み状態の審議会

教員の養成・採用・研修の一体的な見直しを掲げた中央教育審議会の「教員の資質能力向上特別部会」は初会合から半年が過ぎ、❶報告をまとめる段階で足踏み状態となった。

30人の委員の出席率が高く、他の部会以上に言いっ放し感が強い。「役所の審議会とはそういうものだ」と言ってしまえばそれまでだが、委員として最初から発言の意思表示をしていても、実際に発言できたのは最後の最後だったこともあった。

〈熟議〉とはほど遠く、議論を深めたという印象はない。2回分4時間の会議をやったかと思えば、2ヵ月以上会議は開かれず、その後、昨年11月下旬になって審議経過報告の第1次案が出てきた。

❶この後、審議経過報告が2011年1月に、審議のまとめが2012年5月に公表された。

委員である以上、議論の結果として、それを読むしかないが、どこか距離を置いて見てしまうのはお許しいただきたい。中身は民主党のもともとの主張を残しながら、ストレートな教員養成の6年制化そのものは避けた折衷案となっている。

それでもなかなか大胆な中身である。異論は多いようで、審議経過報告案を詰める予定の会議が1回流れ、議論は年末までもつれ込んだ。12月の第2次案では、「教員の養成・採用・研修制度の骨格を改め、総合的・一体的にすすめる抜本的改革が強く求められる」としながら、〈今後の審議は慎重に〉と受け取れる表現が随所に盛り込まれた。

3段階の教員免許提案

11月の第1次案の肝の一つは、❷3段階の教員免許を打ち出すとともに、最初の免許は暫定的で期限つきもありうるとした点である。「例えば」「当面は」「検討する」「仮称」という限定的な表現を用いてはいる。しかし、「学士課程修了者に暫定的な資格（「基礎免許状」）を付与し、教員として採用された後に、必要な課程等を修了すれば、修士レベルの資格（「一般免許状」）の取得を可能とする」「一定期間のうちに、一般免許状の取得を義務

❷「基礎免許状」「一般免許状」「専門免許状」。

付けることや基礎免許状に有効期間を設けることなどについても検討する必要があろう」というのだ。

さらに、一定の専門性を公的に証明する専門免許状を出すとしている。専門の区分については、今後検討するとしながら、「学校経営、生徒指導、進路指導、教科指導、特別支援教育、外国人児童生徒に対する教育、ICT（第2次案では情報）教育など」と例示もした。

暫定的資格と初任者研修見直し

これを実行に移すとなると、第一に暫定的な資格としての基礎免許状が、社会（とくに保護者）に受け入れられるかどうかがカギとなるだろう。第2次案では「暫定的」という表現を「基礎的」と改めたが、本質は変わらない。自動車の仮免許のような危なっかしさが強調されすぎると、最初から制度として通用しない。

しかし、教師は、他の多くの知的職業がそうであるように、大学の学部を出たらすぐに❸一人前に仕事ができる職業ではないという、当たり前の事実に立ち返ってもよいのではないか。現場でのOJTは必要だとしても、基礎免許状の先生が担任を持つなら、しっかりサポート体制を組み、一人前と見なされれ

❸この思いはいまも変わらない。保護者の側にも、この点を受け入れる余裕がほしい。

ば一般免許状を与えられる形が必要だ。本採用にならないまま講師として働く若手が、一般免許状を取得できる仕組みも欠かせない。

一方、研修について最も特徴的な提案は、❹初任者研修の見直しだろう。「養成期間と初任者の時期について複合的に考える」という前提に立って「発展的に解消することも含め今後検討を進める」と打ち出した。

千人規模の新規採用者が出る大都市圏では、すでに初任者が多すぎるうえに、経歴も多様すぎて対応しきれないという声も聞く。2年目、3年目の研修を受けて、一般免許状を取得するような仕組みも考えられるのではないだろうか。

校長の資質向上は欠かせない

また、第1次案では、当面取り組むべき課題の最初に、管理職の資質向上をあげた。「管理する管理職ではなく、『マネジメント型』管理職の養成を図ることが期待される」とした。委員の1人で、元東京都杉並区立和田中学校長の藤《ふじ》原和博《はらかずひろ》氏の提案である。管理とマネジメントの違いについては、丁寧な説明が求められる。

「マネジメント力を身に付けた管理職を育成するため、教職大学院等での学校経営を中心とした専攻・コースの充実を図るとともに、国や都道府県等の教

❹教員免許更新制の廃止を機にした研修の見直しの一つとして、初任者研修の手法や期間を改めて見直していいのではないか。

員研修のためのセンター等において『マネジメント型』管理職の養成を行うことが期待される」とあるから、大学、教育委員会、どちらもかかわる提案である。

だが、民間人や大学教員、行政職員なども対象とし、修了者に学校経営の専門免許状を付与、「管理職登用の条件の一つとすることも考えられる」としている。かなり大胆な改革案で、抵抗が出るのはやむを得ないかもしれない。

しかし、今後10年間に3分の1の教員が退職するのだ。若手の❺競争倍率低下による質の低下だけでなく、管理職不足もより深刻になる。管理職教育に手をこまぬいているわけにはいかなくなるだろう。

健闘している教職大学院

今回の審議経過報告案では、現行の教職大学院を今後どうするのかについてはあまり言及していない。

必ずしも定員を満たしている大学院ばかりではなく、さらに定員を増やすような政策は、大学院の教育体制一つをとっても、質を落とすだけだろう。教員養成について、6年一貫や、学部を卒業してすぐに2年間の修士に進む4+2の義務づけを避けたのも、むべなるかなである。

❺教員採用選考試験の採用倍率は2022年度で3・7倍となっており、小学校においては2・5倍と過去最低を更新している。

教職大学院はまだ評価をくだすには早すぎると思うが、すでに認証評価が始まっている。世の中にはあまり知られていないが、結構健闘していると筆者は思う。とりわけ、現職教員の学生の満足度はおおむね高いのではないか。

免許取得前の教育実習生ではなく、教員免許を持つ〈学生〉が現場に何人も入り込むことの効用は、受け入れた側にはわかるはずだ。一定の期間、仕事についたら大学で再教育を受けるという生涯学習社会の象徴的な存在として、教師の学ぶ姿を見せてほしい。

一方で、学部から大学院に進むストレートマスターのなかには、学部卒業だけで現場に出るのは不安だという声をときどき聞く。教職大学院には、現職学生とともに学ぶことで、職員室を疑似体験できるという効用もあるようだ。

審議経過報告案では、短大卒の多い幼稚園教諭免許の扱いなど、根本的な検討を要する部分も残されている。免許の更新制も最終的にどうなるのか、先行きが見通せない状況だ。審議会の議論でも感じることだが、養成側と採用側の意見の違いはなかなか超えがたい部分もあるようだ。❻法案化にはまだ時間がかかる。

ただ、現状を放置しておけば、教師のレベルは間違いなく下がる。公教育に対する評価に負のスパイラル現象が起きるのが一番困る。その意味での改革は受け入れる必要があるだろう。

❻審議のまとめを受けて2012年8月に中教審より「教職生活の全体を通じた教員の資質能力の総合的な向上方策について」が答申された。この答申で「学び続ける教員像の確立」が提唱されている。また2017年11月の「教職課程コアカリキュラム」の提示にもつながっている。

教員育成協議会と育成指標の課題

2017年6月号

文部科学省の❶中央教育審議会答申を受けて、教育公務員特例法（教特法）が改正された。その結果、この4月から、都道府県や政令指定都市の教育委員会は、文部科学大臣が定める❷指針に基づいて、校長や教員の資質向上の指標をつくり、その指標に基づいた教員研修計画をつくること、さらに、資質向上のための協議会を組織することが義務づけられた。

答申では、指標は教員育成指標、協議会は教員育成協議会と呼ばれていたものだ。筆者はその答申に向けた教員養成部会の審議に関わり、4月に全国3ヵ所で行われた独立行政法人教員研修センター改め教職員支援機構（NITS《ニッツ》）主催のセミナーにも参加した。このセミナーでの議論も踏まえて課題を整理してみたい。

❶「これからの学校教育を担う教員の資質能力の向上について～学び合い、高め合う教員育成コミュニティの構築に向けて～」（2015年12月）。

❷「公立の小学校等の校長及び教員としての資質の向上に関する指標の策定に関する指針」（2017年3月）。2022年8月改正。

ようやくできた連携組織

協議会をつくるのは、学校設置者である教育委員会だが、校長や「校長及び教員の資質の向上に関係する大学」等で構成されることになっている。教育委員会と大学が連携する組織の設置が法律で義務づけられたことに、まず、ようやくここまで来たか、という印象を持つ。

筆者は、民主党政権時代、教員養成部会とは別に動いていた「教員の資質能力向上 特別部会」の委員でもあった。この部会でも、教育委員会と大学の連携の重要性は強調されたが、やりとりを聞いていて、連携は一筋縄ではいかないと痛感させられた。それから7年が経過したが、もちろん、それ以前から両者の連携は大きな課題であり、教特法の改正は長年の懸案の節目と言える。

協議会の組織構成に悩む

NITSが今年2月時点で、67の全都道府県・政令指定都市に、協議会や指標などについて聞いた❸調査では、❹協議会やそれに類するものが「ある」と答えたのは24県市にとどまっている。しかも、この中には、構成メンバーに大

❸教員育成指標の策定等に関するアンケート調査結果（2017年2月～3月）。

❹その後の2018年3月のアンケート調査結果では全都道府県・政令指定都市が協議会を設置している。

学関係者を含まないものもあり、全国を見渡すと、組織づくり自体がまだこれからだということがわかる。

茨城県つくば市のＮＩＴＳで行われた教育委員会関係者と教職大学院関係者合同のセミナーにおけるシンポジウムの場でも、協議会の構成をどうするかといった、ある意味では根本的な質問が出たほどだ。また、県と政令指定都市が合同で協議会をつくるような動きも出始めている。

教員養成に携わる大学の数が限られる地域と、大都市圏のように幅広い大学の出身者が採用されている地域とでは、教育委員会と大学間の関係がかなり違う。小規模大学の声をどう拾うのか。さまざまな私立大学の事情をどうくみ取るのか。全国に教員を輩出している大学と特定の地方との関係まで考慮し始めると、組織づくりはさらにむずかしい。

それだけに、すでに類する組織があったとしても、教育委員会としては、改めて幅広い大学等の意見に耳を傾ける姿勢が重要になる。

積極的な情報公開が必要

現実には、教員養成系の国立大学や、教職課程を持つ大学の連合組織の代表校などのほか、採用実績や研修等での貢献度が考慮されるのだろう。下部組織をつくるような地域もあるかもしれない。ただ、メンバーが固定化すれば、採用も固定化するかのような印象を持たれる可能性もある。制度自体が抱える矛盾だ。そう考えると、❺積極的な情報公開が欠かせない。その他大勢の大学が蚊帳の外に置かれているという見方をするのは避けなければならない。

また、そもそも、この制度そのものが、まだ一般には浸透していないだけに、保護者代表のような第三者も加えてほしい。

総合教育会議に匹敵

実は、協議会を教育委員会のどの部署が担当するのかは、管理・人事系、センター・研修系、指導系、総務・企画系と、自治体によってまちまちであることも、NITSのセミナー会場における参加者の回答でわかった。それぞれの地域の事情を反映した結果でもあるのだろう。

もともと、実習やインターンシップの調整をはじめ、分野によって何らかの連携や情報交換をする組織は、どの地域でもあったはずである。協議会で話し合われる内容は、指標策定だけではなく、研修プログラムの調整や人事交流など、多岐にわたる内容が想定されている。

そう考えると、これまであった連携や情報交換の場を統括し、総合的に考え

❺2018年3月のアンケート調査結果に60自治体の協議会構成メンバーが示されており、おおむね本稿で書いたような大学が構成メンバーに入っている。

る組織と捉えてもよいのではないか。そのような見方をすれば、協議会が、首長と協議する総合教育会議に匹敵するくらい重要な場であるとも言えるだろう。

管理職の育成指標に注目

ＮＩＴＳの同じ調査で、指標やそれに類するものが「ある」と答えたのは30県市だった。また研修計画が「ある」は54県市で８割を超えた。

指標の中身については、文科省が、校長と教員を分けて指標をつくるよう求めていることに注目しておきたい。

管理職になる資質は、教員のそれとは違うと意識はされている。しかし、それをちゃんとした指標で示すことは大きな意義がある。これを機会に、その指標に基づいて、[6]若くてもマネジメント能力などに長けた校長が誕生してもいいと思う。

地域性を意識する

指標づくりには、地域ごとの教員の年齢構成の違いも影響を受ける。同時に、地域によって求められる教員の資質の違いに目を向けたい。人事交流などを通して、教員個々人がそれを意識する例は、これまでもあったと思う。筆者も学

[6] 荒瀬克己さんも同様の発言をしている（13頁参照）。

力問題を通した取材などで、都道府県による違いを身に染みて感じている。

そうしたことを、教育委員会や大学がもっと意識してみたい。これまで以上に、他県との交流人事を考えてもいい。地域教育を進め、地域に貢献してくれる人材を育成する観点からも、〈外の世界〉を知ることが第一歩だと思う。

現場で意識される指標に

いずれにしても、肝心なのは、指標に基づいた研修計画によって、現場の教員個々人が、成長を意識することである。現場で関心を持たれない指標では、絵に描いた餅になる。その意味では、養成段階はもちろん、採用時やその後のキャリアアップの段階に、個々人が指標を頭に置いているよう意識づけたい。

今後は、❼教員養成のコアカリキュラムが示されることになる。学習指導要領の改訂と合わせて、このコアカリキュラムを念頭に置いた指標の在り方が問われることになる。

こうした改革が誰のためにあるのかに思いをはせたい。教員自身のためであり、その先には、教育を受ける子どもたちとその保護者がいる。

それだけに、育成指標とは直結しないものの、臨時任用や期限付き教員の資質にも焦点があたる機会になってほしい。

❼２０１７年11月に「教職課程コアカリキュラム」が取りまとめられ、２０１９年度から新しい教職課程が実施されている。

文部科学省を〝定点観測〟する

青木栄一さん（東北大学教授）に聞く──

教育政策に限らないことだが、政策は少なくとも10年スパンで見ることが大切だ。教育行政学者の青木栄一さんは、文部科学省を〝定点観測〟する数少ない研究者の一人で、『文部科学省』（中公新書、2021年）の著者である。文科省の国立教育政策研究所勤務の経験もある。この10数年の文科省の政策形成過程をどう見ているか、聞きたいと思った。その結果、官僚論から、背景にある政治との関係、ひいては大学論まで展開されることになった。

あおき・えいいち●1973年生まれ。千葉県出身。2002年東京大学大学院教育学研究科博士課程修了。博士（教育学）。国立教育政策研究所教育政策・評価研究部研究員などを経て、2010年より東北大学大学院教育学研究科准教授、2021年より同教授。主な著書に『教育行政の政府間関係』（多賀出版）、『教育制度を支える教育行政』（編著、ミネルヴァ書房）、『文部科学省』（中央公論新社）など。

消えた「熟議カケアイ」サイト

この10数年の教育政策を語るとなると、安倍《あべ》内閣の教育改革はもちろんだが、3年間の民主党政権の政策を抜きには語れない。まずは、その時代の教育政策の進め方をどう見ているか尋ねた。当時の鈴木寛《すずきひろし》・副大臣が中心になって「熟議カケアイ」というサイトを設け、掲示板で教育関係者の声を吸い上げようとしていた。

「ご質問をいただいて調べてみたら、文科省のサイトから消えていました。国会図書館のアーカイブで探し出しましたが、ちょっと不親切ですね。でも、そこが象徴的じゃないですか。時の副大臣のお声がかりで始めて、一時的であれ盛り上がったことを忘れたかのよう。そのあたりに、役所としての文科省のスタンスが示されているような気もしました」

筆者も民主党政権限定の審議会の動かし方について、担当課長から本音を聞いたことがある。「お付き合いはしていたが、分析して政策立案に寄与させるとか、参照しようという姿勢は少なくとも外から見えない。面従腹背の一種だったような気もします」と青木さんは言う。

筆者は、最近の「#教師のバトン」と「熟議カケアイ」を比較してしまう。「#教師のバトン」は政治主導ではなかったはずだが、この取組をどう生かそうとしたのかが見えない。文科省が政策のために現場の声を吸い上げるシステムができていない印象を持つ。

青木さんはまず、「民主党政権で、自民党政権のときと違った意見の吸い上げのルートを作ろうという盛り上がりがあったのは確かだ」とみる。「私の言葉づかいで言うところの〝教育の政策共同体〟ではないところから吸い上げようとしていた。民主党自体が新しい支持基盤、あるいは支持層を開拓しようという戦略を取っていたはずで、その一環だと思います。それがシステムにはなりえなかった」

それは、民主党政権が長続きしなかったという理由だけでなく、そもそも幅広く分散している意見を吸い上げること自体がむずかしいということではないかと、青木さんは言う。

「（意見を吸い上げようとしたのは）教育政策を持続的に考える人たちではない。教員、児童生徒・学生、保護者は、教育に対して何らかの問題意識を持っていたとしても、署名活動や、問題を全国的に集めて提言にまとめていくということは基本的にできない。新しい層から意見を聞くという目の付け所はよくても、長持ちはしにくかったし、実際しなかった」

では、「#教師のバトン」はどう位置づけるか。その後、事務方トップの事務次官になった義本博司《よしもとひろし》氏が背中を押していたことは知られている。

「ＳＮＳを使おうと最初に言い出したのが、どの年代の役人なんだろう。民主党政権のことも知らない世代か、そうでなければ、やはり薄く広く広がる意見を効率的に集めようとしたのか。ならば民主党政権時代に見聞きしたことが脳裏をよぎった可能性はあるとは思います。以前は掲示板、いまはＳＮＳという形で。ただ、掲示板の方がディスカッションはできる。

Twitterは言いっぱなしになって議論が蓄積されず、自分が読みたい情報しか目に入らない」

こども家庭庁を巡って

「熟議カケアイ」や「#教師のバトン」に関連して、筆者には「こども庁」をどんな組織にするかの議論が気になっていた。結果的には「こども家庭庁」として2023年度に発足することが決まったが、この議論のなかで「こども庁」派の自見英子《じみはなこ》、山田太郎《やまだたろう》両参議院議員の動きに注目したのだ。「こども庁の創設に向けて」というサイトをはじめ、ネットを使って、新しい機関をどんな形にしていくか、情報発信や意見集約を試みていたからだ。山田氏自身がネットで支持を広げて国会議員に当選した経歴を持つ。

「政策立案の議論のなかで言うと、もちろん2人は国会議員で政策エリートですが、組織だったものとは違うんだと思いますね」

ただ筆者には、「熟議カケアイ」や「#教師のバトン」とつながっている印象がある。

「政権の主体が違っていても、手法に共通性が見受けられるってことは十分ありうる。共通するのは、サービスの受け手、あるいはサービスの直接の提供主体の声を聞くということだと思う。普通のチャンネルだと吸い上げられないという面とともに、そういう人たちからも声を聞いてますよと、自分たちの政治的な正当性を高める効果を期待している」

『熟議カケアイ』は民主党の支持を高めるとともに、教育に関わる、教育のサービスプロバイダーである教員、受け手である学生・生徒・児童や保護者の声を聞くということだったと思います。『#教師のバトン』も同様に文科省のプレゼンスを高める、支持調達の面はあったと思います。給特法は悪法だ、学校はブラック職場だという声に対して、ノイジーマイノリティではない声を聞きたかった。ふたを開けたら、必ずしも期待された層から期待された内容が聞けなかったっていうことかなと思います」

青木さんは次に、こども家庭庁の関係で、「保育園落ちた、日本死ね」のネット上のつぶやきが大きな反響を呼んだ待機児童問題を話題にした。

「子育てで家庭に縛られていて十分社会との接点がないが、SNSを通じて意見表明がなされた。そういう層に訴求するツールとしてSNSを使うことは、いいところを突いているとは思います。ネットを通じてアプローチできる層からの票で当選している、その延長線上に今回のこども庁の打ち出し方がある。現代の社会の動きに合わせた集票戦略の一つかと思いますね」

それが政策形成にどの程度の影響力を及ぼすのか、気になる点だ。

教員免許更新制の矛盾

さて、2022年の教育政策で大きなニュースと言えば、教員免許の更新制が「発展的解消」

という表現で廃止されたことだろう。制度の導入は２００９年だから、まさにこの10数年で導入から廃止まで進んだことになる。

「問題教員の排除という圧力が最初あったが、換骨奪胎されたわけですよね。文科省は、最後は排除の仕組みではないと言ったけれども、なんとなく排除ができるかもしれない制度でもあって、政治家にも『先生のおっしゃることも加味した制度ですから見守ってください』と言える。それでなんとなく10年くらい続いたってことなんだと思います」

まさに、そのあいまいさは文科省の政策のあちこちで垣間見える。

「文科省に、ロジスティクスへの想像力がないんだと思います。実行部隊が別にあるから。文科省は政策という名の作戦を立案するだけで、その後の検証をまともにしない。教員免許更新制で、毎年いくら受講料が集められて、講習プログラムを提供する大学が儲かっているのかどうかさえわからない。委託調査をすればデータは集まるのにやらないのは関心がないということです」

大学もだらしないと青木さんは言う。

「教員のプロフェッショナル・ディベロップメントが目的であれば、お金払っても受講したいという内容を出せばよかったが、やっていない」

更新制の廃止は魅力的なコンテンツを提供できなかった大学側の敗北でもあるわけだ。

「日本の大学は現有戦力で戦おうという発想をします。たとえばポスドク層や博士課程の院生をうまく更新講習の仕事と結びつけて、夏に稼げるマーケットをつくってあげればよかった。海外の大学のように、夏は場所貸しの商売をして、非正規学生で儲けようという発想にならなかったのは、日本の大学の経営上の問題だと思いますし、教育学系の部局がとくに経営的発想がないんでしょう」

教員養成の修士レベル化と更新制

「民主党政権が掲げた教員養成の修士レベル化と教員免許更新制との関係はどう見るか」と青木さんから逆質問を投げかけられた。民主党政権は、修士レベル化も更新制廃止も掲げていたが、3年の間にどちらも道筋をつけられなかった。青木さんの質問の意図はこうだ。

「修士化するということは教員の力量を底上げする発想があったはずです。まず教員のプロフェッショナル・ディベロップメントに関する議論で、民主党と自民党の間に一致点があった気がする。十分かみ合わなかったのが残念です。他方で問題教員の排除の議論があやふやになったのもよくなかった。わいせつ教員排除の法律ができて、教壇に立たせてはいけない問題教員のことを正面から議論する機運がいまできているのだとすれば、教員免許更新制廃止と軌を一にして、議論するというのも別途必要かなと思います」

ただ、わいせつ教員の問題も、文科省主導で始まったわけではない。法律は議員立法だし、読売新聞がキャンペーンで後押しをした。結局、文科省は主体的に政策が進められないという課題が常につきまとう気がする。戦前からそうだという説もある。

「文科省には現状維持のクセがある」という。青木さんがあげたのは二つの仮説だ。

「一つは占領改革の第一世代ががんばった。いまから見れば神様みたいな先輩です。ああいう人たちには制度設計の発想があった。戦後改革は白地に絵を描くようにやりやすかった面もあったでしょう。その後の世代はご先祖がつくった法律をとにかく守る。多数の関係者がいる政策領域ですから、一度できた制度を変えるにはパワーも必要。現状維持になりやすい役所だということです。だから、教員免許に関する法律もいじりたくない。わいせつ教員は憎むべき存在で、解決しなければならない政策課題だとわかっている人たちだけど、法律を変えるのはどうだろうという発想はあった気がします」。

もう一つの仮説は「戦前からそうだった。官立学校の校長先生が役所に入るなど、他の役所と人材供給の仕組みが違う。いまも初等中等教育の分野には地方自治体から来る研修生や教科調査官もいる。外からのプレッシャーもあるからしがらみだらけ。だから、教員というサービス提供者の身分を未来永劫剥奪するようなことにためらいがある。現状維持思考はそういうところからきている可能性はあるかなと思います」。

筆者もこれまでの取材で、現状維持志向を経験している。たとえば全国で1万5千校を超えたコミュニティ・スクール。文科省は当初、制度導入を嫌がっていた。

「学校単位の意思決定にサービスの受け手が関わる。そのことに対する忌避感が文科省にあるんだと思います。サービスプロバイダー重視のスタンスが根強い。だから教育委員会の意思決定、学校管理職の意思決定を重視する」

コミュニティ・スクールは元々、教育改革国民会議で提案された時点では英国の学校理事会をイメージしていたが、「少しサービスの受け手の力を制限する制度設計になっていった」。換骨奪胎とは言わないまでも、文科省流に変えていくという点で、ある意味象徴的だ。

「官僚制ってそんなものだと思う。ただ長期的に見たら、学校の方針等々に影響を及ぼす、及ぼすどころか主体になるボードを認めるようになってきたという見方はできる」

官邸主導と中教審

近年の政策は教育分野でも官邸主導が強まったと言われている。安倍内閣の教育再生会議や教育再生実行会議である。青木さんは、再生会議より再生実行会議のほうがより官邸主導の要素が強かったとみる。また最近では、内閣府の総合科学技術・イノベーション会議（CSTI《システィー》）の教育・人材育成ワーキンググループに中央教育審議会のメンバーが加わって、それが文科省の政策に影響を与えるような形ができている。文科省と官邸の関係をどう考えるか。

青木さんはまず中教審の会長人事に触れた。2015年以降、2代にわたって会長は財界関係者だ。「これがけしからんという教育関係者は多い」。なぜ教育ではこの陣容でいいのか、文科省の会議体について思いを巡らすことがあるという。

「教育改革をして著名になった人が委員として重宝される。実践事例が制度設計に入り込んでくる。たまたま投薬したらよくなったから、治験もせずに全員に薬を投与するようなことをやっているようにみえませんか。そこから言えることは、少なくとも現行の教育政策って誰が会議体に入っても影響もない。エビデンスに基づいた政策立案という点であまりいい筋ではない。しかも、政治的な利害調整の場にもなっていない。だから財界関係者が会長でも困ったことは起きないということなんだと思います」

次に首相のもとに置かれる会議体との関係はどうか。これも中教審下請け論が飛び交う。

「中教審は、かつては政策のアイデア出しの場だったが、いまは制度の具体化の場。大きな方針が官邸から出されて、法律をどう変えればいいのか、現行の政策とどうつなげばいいのかが議論される。それはそれで仕方がない。ただ中教審としてもう少し自分のレゾンデートルをしっかりするために、意識して取り組むべきことは制度や政策の実施管理です。予算や政策や制度をモニタリングする場であるべきで、そういう調査機能を充実させていくことが大事」

下請け批判に対しても「政策を動かすためには下請けになってでもやればいい。チャンネルができるわけですから」とみる。出向する文部官僚も意識していると筆者も思う。

「中立性は大事ですが、真空状態の中に教育界があるわけではない。教育は社会の諸勢力とのコミュニケーションによって形づくられ、運営され、改善されるべきものです」

ＣＳＴＩの教育・人材育成ワーキンググループには、中教審の委員と経済産業省の産業構造審議会の委員が加わっている。

「教育政策は教育政策だけで完結して議論される時代ではなくなった。産業政策と教育政策がうまく手を組めれば政策が動くと、お互いの役所の人たちは気づいているんだと思います。二つの省庁の相対取引では動かない、そこに内閣府をからめないとだめということだと。政策を動かすための戦略で言えば、こういうことはこれからも続くと思う」

青木さんは著書『文部科学省』の最後にシンクタンクの必要性を強調している。モニタリングやチェックにはシンクタンクの存在が欠かせない。青木さんの古巣である国立教育政策研究所のような機関が、これまで以上に文科省を支える印象を持つ。

「大賛成です。シンクタンクにはいろいろな設立主体、設置形態があっていい。ただ国研は明らかに人数が少なすぎる。National Instituteと呼べない人数です。ニューヨーク市教育局では数十人単位で、Ph.D.やドクターコースの人がデータ分析部門を形成している。人数だけでなくトレーニングの水準の問題もある。国研の研究官全員が少なくとも博士課程のトレーニングを受けられるようにすべき」。２０２１年に国研にできた教育データサイエンスセンターも「分析のプロが何人いるのか。本当に危ない状況だと思います」と手厳しい。

さらに、新型コロナウイルスを巡るニューヨークを話題にする。

「ニューヨーク市は各学校の欠席情報がウェブで日々公表され、新聞社でも分析ができる。2020年の3月上旬から各学校で一気に自主的な欠席者が増えました。COVID19を恐れて保護者が自主的に休ませ始めたんですね。組合からのプレッシャーも高まって、最初は休校しないといっていた市長が休校を決断するに至った。この過程を検証するデータがニューヨークでは提供されるが、日本にはない。個々人のレベルのデータが分析可能な状態で公開されていないのが問題」

「『文部科学省』の中のシンクタンクは、大学をベースにイメージしていました。ただ、いま、大学はお金もないし、人も足りない。でも、最初にやることはセンターをつくることではない。一人一人の教育政策の研究者が、研究目的であれば、学校基本調査など政府統計の個票データ、全国学力・学習状況調査などの個票データを提供してもらえますから、そういうものの分析を一人一人がやる。そこにNPOの人が関わるなどして、全国に、小さな灯が少しずつ灯って積み重ねていけば、いずれナショナルセンターができると期待しています」

まさに前述の教育・人材育成ワーキンググループでも、教育の個別最適化でいろんなデータが使えるという話題が出ている。

「教育ビッグデータの分析にふさわしい質や構造になっているかまだわからないですね。携帯の位置情報はすぐに集まるが、教育データはほおっておいたら集まらない。データを集めるコストを考えていない。だったら学校基本調査を分析するほうがよほどいいです。学習データまで手を出すレベルじゃないということです」

筆者も素人目に、あれもこれもできるという未来図は、そう簡単に実現できるものではないと思う。一方で、学校が大きく変わることには期待もする。

「学習データを集めることはすごくいいこと。タブレット端末を使ってそれぞれの子がテストをどういう順番でやっているのか、どの問題で時間をかけているのか、白紙はどうなのか。そういう分析ができる。でもそれって、基本的に教室で先生が一人一人を指導することとそんなに変わらない。手間がかかることなんですよ」

「少し先の話をすれば、今後、教室にロボットが入ってくる。チーム・ティーチングのT1・T2で言うと、まずT2で入る。それで教室のデータをどんどん集めればいい。個々の子どもの行動がわかる。実際ロボティクスの研究ではロボットいじめという研究分野があるそうです。学校に入れると、ロボットの通り道をふさぐ不心得者が現れるらしいんですね。そういう子どもの行動を分析すればロボットのエラーの前に人間のエラーが検出できて、いじめの摘発とかに役立つと思うんですよね。データを集めること自体は大賛成です。ただ、そんなにいきなりバラ色の未来が描かれるはずはない」

学校レベル、ミクロレベルでデータをどう活かすかをしっかり考えないと、ビッグデータで世の中こんなによくなるということと全然違うレベルの話がある。

「子どもの端末に紐づけすることはできなくはないけど、プライバシーの問題もありますから。

では意思を確認して登録となる。その手間はどうするのか」

「ただ、そういう方向性は大事です。首相官邸には、外国為替と株式市場の電光掲示板があるらしいんですね。文科省の大臣室に、前の日の教員の超過勤務データが表示されれば、警報が出せる。たとえば部活の大会シーズンに気をつけてくださいと言えるようになる。学習データも含め、個人レベルのデータから政策レベルの議論をするために可視化は大事です」

教育政策を巡る構造の大変化

「自民党は野党になって、官僚のリソースを使わないといけないと学習した。一つの形が内閣人事局で官僚をおさえたことだと思うんです。内閣官房・内閣府を活用することで官邸が強くなったという状況はもう後戻りできない。この10年で役所も、財政的にもきびしい低成長時代だから、放っておいたら予算制約は突破できないと学んだ。官邸の言いなりになるという段階が当初あって、それが不適切な事態を招いたこともあると思いますが、一方で官邸や内閣府と協調した政策立案が必要だと学習したんです。CSTIのもとに教育政策・産業政策が一体化して入っていく。文科省だって経産省だって果実を得ているはずです。政策のつくられ方のシステムが進化していっている過程を、私たちはこの10年見てきたんじゃないでしょうか」

教育政策を巡る構造の見方が変わったような気がした。

本格化する民主党版教育改革

2010年7月号

中央教育審議会と「熟議」

教員免許制度や教員養成課程の見直しなど、教員の質に関する問題が中央教育審議会に❶諮問された。高校の無償化は、ある意味で教育の外側の話だが、教員の質の向上策となると、教育の中身に直結し、教員免許更新制の見直し、学級規模と教員増、教員採用へと議論がつながっていく。改革は第二段階に入った。

ただ、中教審の位置づけそのものが、自民党時代と変わるのかどうか、いまだによくわからない。そもそも、新政権成立後、一部の部会以外はあまり動きがなかった。しかも、政治主導で、教育政策を幅広く議論する❷「熟議カケアイ」というウェブサイトを文部科学省が設けた。この場が中教審と両輪という位置づけだ。「熟議カケアイ」でも、「教員になる際につけるべき『力』」は？

❶「教職生活の全体を通じた教員の資質能力の総合的な向上方策について」（２０１０年６月）。

❷現在、ウェブサイトは存在していない。

そのつけ方は?」「教員になってからも磨き続けるべき『力』は? その磨き方は?」「管理職等にはどのような『力』が必要? そのためにはどうすれば良い?」といったテーマのたて方をしている。教員の養成や資質向上について、ここでの議論を集約して中教審に示すことになる。

「専門免許状」の意味

もともと、民主党は昨夏の総選挙前の野党時代、③教員養成課程を6年制化して教育実習を大幅に延長するとともに、一定期間の実務経験者が一般免許状の上位免許として専門免許状を取得する仕組みを導入するとしてきた。最先端の科学的知識に象徴されるように、教育内容は高度化し、発達障害など新たに学ぶべき内容も増えているため、教員養成の期間は4年では足りないという考え方そのものには賛同の声は多い。しかし実際に免許取得に6年をかけることには反対が大きすぎる。

学生の負担が大きいことから志望者が激減するのではないか、短大卒の教諭が大半の幼稚園の実態をどう考えるのか、学生を受け入れる教職大学院などの整備が追いつかないのではないか等、課題が山積している。このため、中教審への諮問理由も、単純な6年制化は求めず、かなり抑えた表現になった。

③「マニフェスト2009」にも掲げられていた。

教育実習の長期化はどうか。教員養成系の大学や学部では、すでに義務的な実習だけでなく、さまざまな形で学生を現場と関わらせる努力をしている。1年間、実習生を受け入れる学校の方の負担も大きい。性急な導入は反発を招くだろう。

では、専門免許状はどうか。かつて民主党が出した法案では、8年の実務経験の上に「教科指導、生活・進路指導、学校経営の各分野で研究と修養を積み、資質と能力を向上させた者」に与えられることになっていた。この仕組みはやり方次第で、上位免許状を通して、教師の専門性向上や待遇改善が問えるのではないかと筆者は考える。

むろん、既存の専修免許状との違いを整理する必要がある。教職員組合からは、待遇改善は待遇格差につながるという声があがりそうだ。しかし、❹それぞれの教師の得意分野をはっきりさせ、キャリアパスを明示することが、学校を変える契機にもなると思うが、いかがだろうか。

組合の「更新制評価」にヒント

それでは、免許の更新制はただ廃止されるだけなのか。筆者には、専門免許状制度が、更新講習や既存の研修とだぶって映る。更新は義務的で、専門免許

❹現在、議論が進められている「令和の日本型学校教育」を担う教師の在り方特別部会の審議まとめにも、「現在の姿」「将来の姿」といったキーワードがあげられ、同趣旨のことが述べられている。

状は任意だろうし、学ぶ期間も大きく違うだろうが、教師のバージョンアップをめざすという点では共通しているからである。

全日本教職員組合（全教）が1月に公表した教員免許更新制に関するアンケートに注目したい。24都道府県の1247人が回答、「すべての講座が役に立った」という答えは4・1％にすぎなかったものの、「多くの講座が役に立った」「半数程度の講座が役に立った」を加えると65・4％にのぼったのだ。3人のうち2人は、それなりに満足しているのである。

一方で、67・6％が「この制度で教育はよくならない」、75・6％が「廃止すべき」と答えたことを受けて、全教は「更新制に対する評価は『酷評』ともいうべきもの」と総括しているが、この二つの数字は建前的なものだと筆者は見る。

総括のなかでも、役に立った講座の数字を「注目すべき」と述べ、「教員から好評だった講座の圧倒的多数が選択講習で、内容に事細かな制約が付された必修講習は圧倒的に不評だったという事実は示唆的」と分析している。❺義務的な更新講習の代わりに何をすべきかのヒントになる。

更新制は、大学側にも、負担が大きいという声の一方で、大学教員の意識を変えたというプラス評価がある。ただ廃止して新しい制度をつくるだけが選択肢ではない。

❺更新制廃止後の新たな研修体制でも、教員が選択できる研修の充実が求められている。

学級編制基準と教員採用

さて、❻教員採用は、教員養成以上に喫緊の課題となる。大都市圏では、小学校で年間千人を超す採用が続き、2倍や3倍の倍率で質の担保ができるのか、という問題が目立ってきている。東京都などが、首都圏以外の地域と協定を結んでハードルを低くし、少しでも採用試験の受験者を増やそうとしているのは、現状の受験者だけでは質が不十分と言っているようなものだ。

ここに、学級編制基準の見直し問題が絡んでくる。40人の基準を最後まで守ってきた東京都が、今年度から、40人のクラスの学校ができる場合は教員を加配する仕組みを導入した。この基準を段階的に引き下げる方針でもある。

こうしたなかで、❼国の学級編制基準が35人程度に引き下げられることになりそうだ。小学校低学年では30人という可能性もある。都道府県によってはすでに、そうした対応をしているからだ。いずれにせよ、編制基準の引き下げは、新たな教員需要を生むことになる。その予算は数千億円規模になり、財務省サイドがどう出るかも読めない。

❻この課題は現在も続いている。当時から大量採用による「教師の質」が問題視されていた。

❼2011年度から小学校1学年のみ35人学級となった。2021年度からは小学校2学年から順次引き下げられ2025年度に小学校全学年で35人学級制となる。

専科教員と教員の役割分化

もう一つ、教員需要や教員の質と密接に関わるのが、とくに小学校での専科教員の問題である。❽

文科省の教育課程実施状況調査によると、昨年度、理科で専科教員を入れる予定だった小学校は、6年生だと29・4％にも達した。音楽の44・4％に次ぐ。理科の数値は、数年前だと20％強で、ここ数年、急速にあがっている。小中連携教育の広がりで、中学校の教員が関わる場合もあるかもしれないが、理科の実験を教員自身が十分に経験しないために、理科嫌いの小学校教員が増えたことへの対応策だとすると、大きな問題だ。文系私大が相次いで小学校の教員養成課程に参入した影響も、今後、広がるかもしれない。

結局、教員の役割は分化していくべきなのか、という点に行き着く。小学校では、全人的な教育のために学級担任制を維持したいという考え方もある。ただ、教員の多忙化の問題も考慮すると、仕事の分化を考えたほうがよくはないか。事務職員ができることを教員の仕事から切り離すべきなのは、言うまでもない。

ここまで書いたところで鳩山由紀夫《はとやまゆきお》首相退陣の報が飛び込んできた。中教審への諮問前日である。これで教育政策の行方もわからなくなりそうだ。

❽2022年度から小学校高学年での教科担任制の導入が進められている。

10回目の全国学力テスト

2017年10月号

政令指定都市の正答率公表の意味

全国学力・学習状況調査（全国学力テスト）の結果が8月末、文部科学省から公表された。東日本大震災があった2011年の中止を挟んで10回目で、初回からは11年が経った。その意味を改めて考えてみたい。

文科省は今回初めて、政令指定都市の平均正答率を公表した。政令指定都市の中には、何年も前から自主的に公表している自治体もあるし、県の規模を超える人口の自治体もある。しかも、今年度からは、教職員の給与負担も移管された。政令指定都市を都道府県並みに扱うのは当然だろう。

通塾環境などを考えると、政令指定都市が存在する道府県の平均正答率に比べて、政令指定都市の平均正答率が高くて当たり前ではないかと思っていたが、全科目で大阪府の平均正答率を下回った大阪市の例など、政令指定都市格差も大きかった。経済的な環境も影響しているのだろう。

筆者が新聞記者時代、❶「学力危機キャンペーン」の旗を振った札幌市もそうだったが、道府県の平均を上回っていても、自治体内格差は小さくない。その現実に目を向け、具体的な方策がとれるかどうかで、政令指定都市の本気度が問われると思う。

今回のテストからの大きな変更点のもう一つは、都道府県や政令指定都市の平均正答率を、小数点以下を四捨五入して整数で発表したことだ。その結果いくつもの自治体が同点で並ぶことになった。

確かに、小数点以下の細かい差にさほどの意味はない。これまでの10回のテストで、都道府県の格差は縮小しているという分析もある。それでも、トップの県と最下位の府県では、小学校の国語Bと算数Bで10点差、中学校の数学Aが15点差、数学Bが12点差、国語Bで11点差となっている。この差は無視できない。政令指定都市では、相模原市や大阪市のように、科目によって最下位の府県を下回る自治体もあるから、なおさらである。

大学入試につながるメッセージ

スタート当初から繰り返し強調されてきたことだが、❷このテストの、とく

❶筆者が編集・執筆に関わった読売新聞北海道支社編『学力危機 北海道 教育で地域を守れ』（中西出版、2013年）に詳しいので参照されたい。

❷2019年度からは「知識」と「活用」を一体的に問う問題形式で実施されている。

にB問題には、学んだことを実生活の中で活用する力を問うというメッセージが込められている。

たとえば今回の小学校国語Bでは、「緑のカーテン」を作るために、水やりに協力してほしいと友達に呼びかける文章の中で、その理由を30字以上、60字以内で書かせる問題が出た。答えは、問題文に示された中学生のアドバイスの中にあるのだが、正答率は3人に1人の33・2%。文科省は「目的や意図に応じて必要な内容を書く力」が弱いとみる。

この問題を読んで筆者は、大学入試センター試験に代わって2020年度から実施される❸「大学入学共通テスト」の記述式問題のモデル問題例を思い出した。駐車場使用の解約や新たな契約に際して、契約書の条文を読みながら、貸主とのやりとりに必要な文章を40字以内、120字以内、50字以内でそれぞれ書かせる問題だ。今年5月に公表され、ウェブ上でも確認できるので、詳しくは問題を読んでみてほしい。

この問題例が公表されると、「大学入試に契約書の読み方か」と驚きの声も上がったようだが、筆者にも高校卒業後に一人暮らしを始めて、この種の文書に悩まされた経験がある。学んだことを実生活で活用する力を育むという点で、国の方針は小中高校から大学入試まで一貫している。全国学力テストにもそのメッセージが込められているのだから、「過去問で練習なんて邪道だ」といっ

❸大学入試のあり方に関する検討会議の提言を受けて、文部科学省は2021年7月、大学入学共通テストでの記述式問題と英語民間試験の導入を断念することを表明している。

た批判は、そろそろ再考してほしい。

部活動、自己肯定感との関係

全国学力テストは、学力を調べるだけでなく、質問紙調査で、児童生徒や学校、保護者にもさまざまなことを聞いている。メディアが使う「テスト」という表現より「調査」のほうが本来はふさわしいのだが、今回の調査では、中学校での部活動の時間や自己肯定感と学力の関係に注目が集まった。どちらも大事なテーマであることは間違いない。

❹平日の部活動の時間は、「2時間以上3時間未満」と回答した生徒が最多で43・3％、「1時間以上2時間未満」の29％が続き、「全くしない」と「3時間以上」がそれぞれ、11・7％、11・4％でほぼ並んだ。この中で「1時間以上2時間未満」の平均正答率が最も高く、「全くしない」生徒を大きく上回っていた。

メリハリをつけるという言葉が思い浮かぶ。ただ、平均正答率の高い県では、部活動の時間が長い傾向にもあり、詳細な分析が必要だろう。

自己肯定感の方も、分析不足という指摘がある。自己肯定感の高い生徒の学力が高いのは、ある意味当然で、学力が高いから自己肯定感が高いとも考えら

❹2019年度調査でも2017年度調査と同様の傾向だった。

れ、意味をなさない。

ただ、学力との比較をひとまず置いて、質問紙調査だけを初回の2007年と比較すると、❺「自分には、よいところがあると思うか」という質問に肯定的な回答をした中学生が1割増の7割となるなど、データ上はよい方向に向かっている。

経年変化に見る授業の変化

児童生徒への質問紙調査を過去と比べると授業の変化も読み取れる。

たとえば、前学年までの授業で、子ども同士が話し合う活動をよく行っていたかという設問に、「当てはまる」「どちらかといえば当てはまる」と答えた割合を2010年と比較すると、中学校では54・2%から81・6%にまで増えている。しかも「当てはまる」という積極的な回答だけで2・6倍に増えているのだ。

また、「学校の授業などで、自分の考えを他の人に説明したり、文章に書いたりすること」や「400字詰め原稿用紙2〜3枚の感想文や説明文を書くこと」がそれぞれむずかしいと思うかという二つの設問でも、「当てはまる」「どちらかといえば当てはまる」の合計が、小学校では6割台から5割台に、中学

❺2022年度の調査結果では約8割となっており、中学校は増加傾向にある。小学校は調査開始年度から大きな変化は見られない傾向となっている。

校では7割台から6割台に下がった。

一方、「友達の前で自分の考えや意見を発表することは得意ですか」と聞かれると、2013年よりやや数字は改善されたものの、小中とも、ほぼ半分しか得意と言えない現実もある。

学力との関係まではともかく、こうした変化は長期間、調査を続ける意義の一つと言えるだろう。

調査の意義を問う調査も必要

前年の結果を、学校だよりや学校のホームページ、保護者会などで公表ないし説明している学校は、小学校で90・6%、中学校でも84・5%にのぼっている。結果の活用を聞いた設問の数値もよくなる傾向にある。

もっとも、10回目を迎えた調査が、子どもたちのために役に立っているのかという声は常につきまとう。そろそろ、調査の意義そのものを本格的に問う調査が必要な時期が来ているのかもしれない。

文科省は結果が怖いかもしれないし、教育委員会や学校が建前で回答するなら意味がないが、検討をお願いしたいものである。

先生が足りない!?

2018年10月号

教科担任がいない

今年度に入って、全国のいくつかの県で、深刻な教員不足[1]が問題になっているという報道が相次いだ。なかには、中学3年の英語教員が確保できなくなって、1、2年の教員がカバーしているだとか、国語や理科の教員が確保できずに4月の授業がまともに実施できていないといった、保護者の立場からすれば、にわかに信じられない事態も起きていた。

文部科学省には、2017年度の始業日の時点で調べたアンケート結果がある。協力を求めた8道県（北海道、茨城、埼玉、千葉、愛知、福岡、大分、鹿児島）と3政令指定都市（大阪、北九州、福岡）に限定した調査である。

その結果によると、この11自治体だけで、常勤・非常勤あわせて小学校で316人、中学校で254人の不足が生じていた。このうち3自治体では、中

[1] その後も教員不足の問題の報道は各地で続くが、最近まで文科省はどこか他人事の印象がぬぐえなかった。

学校の教科担任が計34人足りていなかった。

しかし、今年度の報道には、広島県や島根県など、アンケートの対象外の自治体も含まれている。❷全国的に集計すれば、この数字がさらに膨れ上がるのは間違いない。

アンケートにみる不足する要因は多様だ。

いずれも「良く当てはまる」と「どちらかと言うと当てはまる」を足した数で、まず❸「産休・育休取得者数の増加」が9自治体、「特別支援学級数の増加」が7自治体あった。また「転入等による学級数の増加」をあげた自治体もあった。

さらに❹「辞退者の増加等により予定人数を採用できなかった」「病休者数の増加」「再任用希望の退職教員が見込みより少なかった」「早期退職者数が多かった」といった理由も絡み合っている。

見込み違いは精度を上げる努力と工夫が必要だが、好景気で一般企業に人材が流れているだけでなく、教員という仕事が、その多忙さから避けられつつあることがうかがえる。

臨時的任用などの場合の要因はもっとわかりやすい。❹「講師登録名簿登載希望者数の減少」と「採用候補者がほかの学校に就職済」が8自治体あった。「採用候補者が教員以外の職に就職済」も6自治体を数えた。

❷全国公立小中高特支学校の2021年度始業日時点と5月1日時点を調べた初の「教師不足」調査が行われ2022年1月に公表されている。始業日時点では全国1897校で2558人不足していた。

❸2021年度調査においても同様の傾向で7割以上の自治体が教師不足の要因として回答している。

❹2021年度調査においても同様の傾向となっている。

さらに、❺「教員の勤務環境に対する風評による忌避」という最もストレートな項目に対して「良く当てはまる」こそなかったものの、3自治体が「どちらかと言うと当てはまる」と答えていた。

「風評」と言われると、マスメディアにも責任の一端があるが、「風評」と「実態」の境目はあいまいだ。教育委員会などの関係者は、〈働き方改革〉を本気で進めるとともに、❻教員という仕事の魅力をアピールするのに知恵を絞る必要がある。現場が変わらない限り、教員不足の現状を変えることにはつながらない。

「技術」教員の不足は「危機」

この問題は、中央教育審議会の教員養成部会の場でも議論になった。

委員の一人、川崎市の渡邊《わたなべ》直《なお》美《み》教育長が細かな数字を示す形で実態を披露した。2017年度で産休が200人を超え、育休が400人に迫った。2018年度には65歳以上の非常勤講師も200人を超え、❼次の免許更新をどうするかという問題が現実のものになっているという。

この後の審議のなかで、何人もの委員から、中学校の技術科の教員の採用や応募の少なさから来る問題などについて、「危機感を持つ」という発言が相次

❺2021年度調査では、1自治体が「よくあてはまる」、15自治体が「どちらかといえばあてはまる」と回答している。

❻魅力のアピールと同時に働き方を変える必要がある。採用活動の前倒しに効果があるかは疑問だ。

❼この問題は図らずも解消された。

いだ。なかには「小手先では越えられない」といった発言さえあった。

教員不足は教育界の構造的な問題をはらんでいる。高校の「情報」科は、必修化されて20年近いのに、専任教員が極端に少ないままのようで、腰が定まらない状況だ。

大学入試センター試験に替わる❽大学入学共通テストには将来、「情報」も導入される見通しになっているから、今後、変化が期待できるのかもしれない。しかし、この情報教育を中学校で担う「技術」科の教員の採用も応募も少なく、養成課程のない地域も存在するという。

この状態を放置したままで、諸外国と対抗するだけのＡＩ（人工知能）人材の決定的な不足を嘆くのは、ちぐはぐ過ぎて、まさに危機的ではないか。特別免許状の制度を使うなどして、外部人材を早急かつ積極的に活用する時代が来ている。

中学校の英語教員を小学校へ

外部人材という点では、❾次の学習指導要領の実施を控えた小学校英語の問題もある。高学年で外国語が教科化されるなか、それを支える人材と時間をどう確保するかは、移行措置も始まった現場の喫緊の課題になっている。

❽２０２５年度選考（２０２４年度実施）から「情報」が出題される。

❾２０１７年告示の現行学習指導要領。

同じ教員養成部会では、この問題について、委員から、外部人材ばかりに目を向けるのではなく、中学校の英語教員に対して特別免許状の制度を使ってはどうかという提案があった。これに対し、文科省側は、「中学校の英語の免許を持っている方に専科仕様で入っていただくということは一つの大きな力になる」と答えている。教育委員会がしっかり検討すべき事項ではないか。

⑩小学校高学年への専科教員の配置の促進は、情報社会に続く新たな時代に対応した「Society5.0に向けた人材育成に係る大臣懇談会」と「新たな時代を豊かに生きる力の育成に関する省内タスクフォース」の提言でも強調されている。少なくとも小中学校の教員配置の流動化が、今後よりいっそう進むということは間違いないだろう。

遠隔で興味を引く授業法を

さて、少子化に伴う学校規模の小規模化によって、全国的に見て、全教科の教員を配置するのが困難なケースは、すでに増えているし、今後も増えることだろう。

こうした問題も含めて、文科省には「免許外教科担任制度の在り方に関する調査研究協力者会議」ができている。この会議では、複数校での兼務の促進や、

⑩「令和の日本型学校教育」答申で2022年度からの教科担任制の本格導入が示された。2022年度予算では「優先的に専科指導の対象とすべき教科」として、外国語、理科、算数、体育があげられている。

免許を保有する教員による遠隔授業の実施といった対策案も浮上している。複数校の兼務は半数近い教育委員会で試みられており、遠隔授業もすでに実施されている例があるようだ。

教員養成部会ではこの点について、「教員は授業を持つだけではないので、複数校の兼務は多忙で大変だ。遠隔授業は必ずしも子どもの興味を引く形になっていない」という趣旨の指摘をする委員もいた。

⓫遠隔授業は、学校の小規模化がさらに進んでいけば、避けて通れない。そんな時代を見越して、非対面で子どもと接する授業法の研究がもっと進められるべきではないか。

いずれにしても、教員の志望者が増えれば、この問題は解消されないまでも緩和に向かうのだ。また、教員採用試験の倍率低下は、教員の質にもじわじわと影響を及ぼす。〝じわじわ〟は実感を伴わないからむずかしい。しかし、教員の質という土台が緩んでは、目指すべき新しい教育の質も怪しくなることを肝に銘じたい。

⓫新型コロナウイルス感染症の感染拡大により、図らずも遠隔授業（オンライン授業）が早期に導入されることとなった。

中教審はどこに向かうのか

2019年8月号

初中教育全般を部会で議論

文部科学省は4月、中央教育審議会に新たな諮問を行った。テーマは「新しい時代の初等中等教育の在り方について」。6月からは、初等中等教育分科会の下にできた「新しい時代の初等中等教育の在り方特別部会」が動き出した。諮問内容は大きく四つあるが、内容は多岐にわたる。❶「初中教育全般の議論をお願いします」という〈包括諮問〉である。

まず第一に義務教育だ。その最初に「とりわけ小学校において、基礎的読解力などの基盤的な学力の確実な定着に向けた方策」の議論を求めている。❷「教科書が読めない子どもたち」が問題になるなかで、基礎的読解力を〈基盤的学力〉の中心と考えていることがわかる表現だ。次に、小学校での教科担任制の検討に関わる項目がある。高学年での本格的な導入に舵を切るのか、注目が集

❶この諮問を受けて、2021年1月に「『令和の日本型学校教育』の構築を目指して～全ての子供たちの可能性を引き出す、個別最適な学びと、協働的な学びの実現～」が答申された。

❷新井紀子氏の『AI vs. 教科書が読めない子どもたち』（東洋経済新報社）がベストセラーになった。

まる。

その次に、多様な指導形態・方法を踏まえた教育課程の在り方の検討があり、多様な指導形態・方法の例として、教科担任制と先端技術の活用をあげている。さらには、児童生徒一人一人の能力、適性に応じた指導の在り方が続く。つまり、AI（人工知能）など最先端技術を含むICTを生かして指導方法を見直し、子ども一人一人に対応する教育をめざすというスタンスである。

諮問全体が、情報社会の次に来るSociety5.0時代を踏まえており、義務教育段階から大きく変えようとしていることは間違いない。

教師の在り方や環境整備も

そして諮問の二つめが高校教育である。普通科高校の改革も大きな関心を集める。普通科の類型化が議論にのぼることになるが、このテーマはまず、特別部会の下に❸ワーキンググループを置いて議論する。

三つめが外国人児童生徒等への教育となる。政府が外国人労働者の積極的な受け入れ方針を示して新たな在留資格を設けただけに、多様化する日本社会の共生も大きなテーマだ。まずは、すでに動きだしている❹有識者会議の議論を待つ。

❸新しい時代の高等学校教育の在り方ワーキンググループ。

❹外国人児童生徒等の教育の充実に関する有識者会議。

そして諮問の四つめに教師の在り方や教育環境整備がある。ここでも、Society5.0時代を見据えた教師や学校のＩＣＴ環境の充実が議論になる。当面は一つめと四つめを優先し、２０１９年末までに論点をまとめるとしている。

ＡＩ教材の効果も紹介

それにしても、初等中等教育全般がテーマなら、常置の初等中等教育分科会で議論すればよさそうなものである。しかし、❺最近はその都度、特別部会を設ける方式が一般的になってきた。今回の学習指導要領改訂に際しては、教育課程部会が常置されているのに教育課程企画特別部会ができた。そこには、諮問内容に応じて人選した委員を加えることで、議論を活性化させようという、文科省の意図が読み取れる。

その点で、初回の部会における臨時委員の神野元基《じんのげんき》氏の発言は興味深かった。神野氏は、ＡＩを使った教材を開発し、新しいタイプの学習塾を運営している「ＣＯＭＰＡＳＳ」社の社長だ。この教材は、さまざまな学校改革で話題になっている東京都千代田区立麹町中学校の数学の授業でも試験導入されたという。

神野氏はその成果について披露した。学力向上や授業の進度アップに加えて、教師とのコミュニケーションが増え、生徒の自己肯定感も上がったというのだ。

❺この傾向はいまも変わらない。

こうした取組が全国に広がれば、教育課程も教師の在り方も大きく変わる。

しかも、この会議では、「(従来型の授業をしているような)これまでの教員だとＡＩに代替されると思っている」という刺激的な発言さえも飛び出した。

ＩＣＴ環境と教師

ＩＣＴをフル活用できるSociety5.0時代の教師をどう育成するのか。これは四つめの諮問内容だが、この点では、中教審の教員養成部会に⑥「教員養成のフラッグシップ大学検討ワーキンググループ」ができている。新しい時代の教員養成を先導する役割を担う大学のことである。

⑦ＩＣＴ環境の整備にはとりわけ、財政当局の決断が必要で、学校現場では、「アドバルーンは次々と上がるが、本当に実現できる政策なのか」と、半信半疑なのが本音だろう。国だけでなく、政策の重要性を理解し、国の交付金を環境整備にちゃんと充てる首長の理解力もカギを握る。

しかし、それだけでは十分ではない。ＩＣＴを活用して一人一人の児童生徒に向き合える教員をどうやって確保するのかという問題があるからだ。教員養成のフラッグシップ大学では、さらに、そうした教員を養成する大学教員をどうやって確保するのかという問題に行き着く。

⑥2020年1月に「Society5.0時代に対応した教員養成を先導する教員養成フラッグシップ大学の在り方について（最終報告）」が取りまとめられた。公募を経て、2022年3月に東京学芸大学、福井大学、大阪教育大学、兵庫教育大学が教員養成フラッグシップ大学として指定されている。

⑦新型コロナウイルス感染症の感染拡大で、ＧＩＧＡスクール構想が前倒しとなり、2021年度に児童生徒1人1台端末が整備されたことは記憶に新しいところだ。

このため、企業と大学などの機関の両方で雇用契約を結ぶクロスアポイントメント制度の活用も話題になっている。委員で、ＩＣＴ教育の第一人者である東北大学の堀《ほり》田《た》龍也《たつや》教授は「フラッグシップ大学における実務家教員とは、学校現場の実務家とは限らない」とも発言している。これまで以上に社会の人材が、大学教育の場にも、そして初等中等教育の現場にも求められることになるはずだ。

全国民にＡＩリテラシー

最近の教育政策は、官邸や経済産業省が先に動き、文科省が後追いをさせられている印象が強まっている。

特別部会の冒頭では、1年前にまとまった「Society5.0に向けた人材育成に係る大臣懇談会」など、文科省内の検討結果のまとめも紹介された。これは❽経産省の〈未来の教室〉と連動しているが、文科省が先に動いたとは言い難い。

今年5月には、政府の教育再生実行会議が第十一次提言を出した。そこでは普通科高校の類型化など、諮問と同趣旨の提言がなされている。文科省も別途、教育ビッグデータやＩＣＴ環境整備についての議論をまとめている。

一方、この6月には、「統合イノベーション戦略２０１９」が閣議決定された。

❽「学びのＳＴＥＡＭ化」「学びの自律化・個別最適化」「新しい学習基盤づくり」を柱に新しい学びを実証する事業。

そこでは、「数理・データサイエンス・AIに係る知識・素養」が「読み・書き・そろばん」同様に重要だとして、「初等中等教育から高等教育までの一貫した情報教育や数理・データサイエンス・AIに関する教育を推進し、全ての国民がAIリテラシーを習得できるようにする」といった大胆な文言も踊っている。

現場から見ると、後戻りができないほど、外堀を埋められつつある気がするかもしれない。生まれたときから手近にスマートフォンがあるような、デジタルネイティブ世代が育ってくれれば、自ずと教室の風景も変わるだろうが、端境期のいまの教員やその卵は大変だと思う。

働き方改革が叫ばれ、学校現場がブラックだと指摘され、景気の影響もあって深刻な採用倍率の低下が起きているだけに、❾新時代を担う教員志望者が1人でも増えることを願わずにはいられない。

❾教員として求められる資質能力も変化していると考えざるを得ず、勤務形態も多様化していく可能性がある（176頁、妹尾さんのインタビュー参照）。

教育再生実行会議を総括する

2020年9月号

7年を越えた議論

政府の教育再生実行会議は7月20日、約1年2ヵ月ぶりの会合を開いた。テーマは「ポストコロナ期における新たな学びの在り方について」。初等中等教育から高等教育まで幅広く議論し、休校が続くなかで唐突に浮上した秋季入学を改めて検討する場にもするという。

第一次安倍晋三《あべしんぞう》内閣から福田康夫《ふくだやすお》内閣に引き継がれた教育再生会議（2006年～2008年）は、筆者も新聞記者として直接取材していたが、ひとまず置くとしよう。安倍氏の政権復帰とともに〝復活〟した教育再生実行会議の議論がスタートしたのは2013年1月。すでに7年半が経過したことになる。昨年5月には第十一次提言をまとめており、会議の開催はこの7月で46回を数える。

中曽根康弘《なかそねやすひろ》内閣の臨時教育審議会でさえ、1984年から1987年の3年間で、答申は第4次までだから、異例の長さと言える。安倍氏の自民党総裁としての任期を考えると、❶少なくとも安倍政権下の教育再生実行会議の提言は、来年5月とされる次の提言が最後になる可能性が高い。

スピード感重視の提言

教育再生実行会議の有識者委員は発足当初15人、現在は22人いる。このうち、当初からの委員は、座長の鎌田薫《かまたかおる》・前早稲田大学総長や、安倍首相に近いとされる八木秀次《やぎひでつぐ》・麗澤大学教授ら11人だ。

最初の提言はいじめ問題への対応だった。前年から、滋賀県大津市の中学生のいじめ自殺が社会問題化しており、スピード感をもってすすめるとして、発足から1ヵ月後の提言となった。その提言の最初に道徳の教科化を持ってきた点が、安倍カラーだろう。いじめ対策の法律制定の必要性も掲げた。❷直前に発覚した大阪市立高校の体罰事件を受けた内容も含まれている。

道徳の教科化は、「特別の教科」としてすでに実を結んでいる。しかし、文部科学省の提唱する「考え、議論する道徳」がどれだけ広がっているかは心もとない。

❶最終提言は2021年6月の第十二次提言「ポストコロナ期における新たな学びの在り方について」。菅義偉内閣のもと、取りまとめられた。

❷この後、文部科学省より「体罰の禁止及び児童生徒理解に基づく指導の徹底について」(2013年3月)の通知がなされた。

いじめ防止対策推進法も、議員立法によって❸同じ年に成立、7年が経過した。法律でいじめの定義を広げた結果、学校での認知件数は50万件を超えている。いじめに対する学校の認識が変わりつつあることは確かだが、第三者調査を巡る法律の見直しなど、課題は山積している。

第二次提言が教育委員会制度で、これも発足した2013年の4月に行われた。法改正を経て、教育長の権限が強化され、首長と教育委員が重要事項を話し合う総合教育会議も設置されるようになった。教育行政にとっては大改革だったが、喫緊の課題である学校のICT環境の整備やコロナ禍への対応などで、この仕組みが有効か、❹検証が必要な分野だ。

根本的な議論はあったのか

第三次は大学教育改革、第四次は高大接続改革や入試で、ここまでが2013年中の提言だから、確かにスピード感はある。

しかし、大学入試を含む高大接続改革の目玉施策が次々と頓挫したことは記憶に新しい。そもそも、首相の下に置かれた会議で、根本的な議論が欠けていたのではないかという気もしてくる。

第三次提言には、「今後10年間で世界大学ランキングトップ100に10校以

❸2013年に成立。9年が経過したことになる。

❹現在、「『令和の日本型学校教育』を推進する地方教育行政の充実に向けた調査研究協力者会議」において審議が行われている。

上をランクインさせる」といった記述もあるが、スーパーグローバル大学の指定などで、日本の大学の国際化がどれだけ進んだと言えるだろうか。

第五次は学制改革という大きなテーマを選んだ。これこそ、首相の下で議論されていいテーマだが、2014年の提言以降、小中一貫教育の制度化や幼児教育の無償化が、実現した主な内容と言える。根本的な改革にはほど遠い。

教育財源も議論

2015年にも、第六次(「学び続ける」社会、全員参加型社会、地方創生を実現する教育の在り方について)、第七次(これからの時代に求められる資質・能力と、それを培う教育、教師の在り方について)、第八次(教育立国実現のための教育投資・教育財源の在り方について)と、三つの提言をまとめている。

このなかでは、第八次が首相直轄で議論すべき根本的なテーマと言えるだろう。消費税の税率10%への引き上げで、高等教育の一部無償化が実現はしたが、議論は十分だったたか。

さらに第九次提言の「全ての子供たちの能力を伸ばし可能性を開花させる教育へ」(2016年)、第十次提言の「自己肯定感を高め、自らの手で未来を切り拓く子供を育む教育の実現に向けた、学校、家庭、地域の教育力の向上」（２０１７年）となると、影が薄れ、注目度が下がってしまったのではないか。直近の「技術の進展に応じた教育の革新、新時代に対応した高等学校改革について」（第十一次提言、２０１９年）は、いわゆるSociety5.0に対応した教育が中心だ。大きな社会の変革のなかの一分野という位置づけになる。

秋入学・少人数学級の実現性

こうやって過去を振り返ったあとで、今回の議論を考えてみる。

秋季入学については、１９８７年に沖原豊《おきはらゆたか》広島大学長を代表とする秋季入学研究会が、臨教審の委嘱を受けて詳細な報告書をまとめている。

我が国の入学時期の変遷や諸外国の状況、国民の意識、子どもの心身への影響、入試や会計年度との関係に加え、複数の移行方法を示し、移行経費まで見積もっている。諸外国の現状は当然、当時と変わっているにしても、どんな課題があるかは整理されている。❺これらの課題を、今回、どう乗り越えようというのだろうか。

東京都教育委員会は7月下旬から8月上旬にかけ、小学校高学年から高校までの子どもたちに、オンライン学習や9月入学に関するアンケートを始めた。

❺「秋季入学」はその後「見送り」となり、新たな議論もなされていないようである。

元々、今回の問題は高校生のＳＮＳでの発信から始まったと言われる。「大学入試のあり方に関する検討会議」では、高校生からのヒアリングも実現した。教育再生実行会議も、10代の声に真摯に耳を傾けてはどうか。

さらに、今回は、コロナ対応で教室の密な環境を避けるという意味合いもあって、少人数学級についても議論するという。初回、有識者委員からは、分散登校時の少人数授業で不登校が減ったという資料も出されている。ただ、事務局が示した「具体的な検討課題」や「検討事項例」には、少人数学級の問題は明記されていない。

学級規模の縮小を財務省から拒まれてきた過去の経緯から、文科省の腰がひけているとみるのはうがち過ぎか。❻第八次の教育財源の提言でも打ち出さなかった学級規模の問題を、コロナ禍で財政出動が必要なこの時期に打ち出せるのか。こちらも難題と言えそうだ。

❻２０２０年12月の大臣折衝により小学校全学年の段階的な35人学級化が決定した。法改正を経て２０２１年度より制度が進んでいる。

「情報化」を通した教育の未来とは

遠藤 洋路さん（熊本市教育長）に聞く――

コロナ禍でいち早くオンライン授業を実現し、「奇跡」とまで言われた熊本市。そのわけを記した『教育委員会が本気出したらスゴかった。』（佐藤明彦著、時事通信出版局、2020年）が話題を呼んだ。自著『みんなの「今」を幸せにする学校』（時事通信出版局、2022年）で、新しい学校のカタチを示した遠藤洋路さんとの対話は、単なる「教育の情報化」の現状にとどまらず、教育委員会改革やDX（デジタルトランスフォーメーション）にも及んだ。

えんどう・ひろみち●1974年生まれ。高知県出身。1997年旧文部省入省。文化庁、熊本県教育庁、内閣官房を経て文部科学省を退職し、2010年に政策シンクタンク「青山社中株式会社」を設立し共同代表に就任。2017年4月より現職。ハーバード大学ケネディ行政大学院修了（公共政策学修士）。著書に『みんなの「今」を幸せにする学校』（時事通信出版局）。

市長と教育長

遠藤さんが教育長に就いた2017年は、熊本地震の翌年である。このとき、熊本市の学校のICT環境は全国最低のレベルだった。

「1800くらいある市町村のなかで、下から数えて10番だか20番だったか。新しい学習指導要領が始まる時期、つまり新しい教科書、新しい教材、新しい学習の仕方が始まる時期で、デジタル対応になるっていうときに、この状況はさすがにまずいと思いました」

学習指導要領の実施に間に合うように、急いで整備しようと動いた。当時は国が3人に1台の整備を目標として掲げていた。予算の増額には市長の理解が欠かせない。幸運だったのは、遠藤さんを教育長に招いた大西一史《おおにしかずふみ》市長がICTに理解のある人で、市役所の幹部会議でもすでにiPadが使われている状況だったことだ。

ところが、教育委員会が何年もICTの予算を要求してこなかったため、大西市長は学校のお寒い状況を知らなかった。熊本市の学校も、かつては先進的なICT活用を行っていた。しかし、行革に熱心だった前市長の時代から、教育委員会はどうせ要求しても予算がつかないと諦めてしまい、大西市長に交代したあともそのままにしていたらしい。首長と教育委員会の関係が如実に表れているエピソードだ。

文部科学省が毎年、自治体別に整備状況を公開してきた「学校における教育の情報化の実態等に関する調査」を、年を追ってみていくと、熊本市のICT環境が一気に変わっていったことがよくわかる。たとえば、教育用コンピュータ1台当たりの児童生徒数は、2017年度には12・3人で県内の自治体でも最下位だった。ところが、2018年度には6・8人になり、2019年度には全国平均の4・9人、県平均の3・2人を上回る2・9人まで減った。当時の国の目標値を3年目で達成したことになる。

もっとも、遠藤さん自身、文科省時代にICT関連の部署を経験したわけでもなければ、ICTに特別詳しかったわけでもない。

「熊本市に来て一番の課題は何かと見渡してみたとき、喫緊の課題がICTだった。もし学力が全国最下位レベルだったら、学力対策だったかもしれないし、別のものが全然できていなかったら、それに力を入れていたかもしれない」

行政を預かる立場とはそういうものなのだろう。

LTE方式と外部の力

ICT環境整備を進めるうえで、教室にWi-Fi環境を備える方式か、既存の携帯電話会社の通信環境をそのまま使うLTE方式かは大きな違いがあるが、この問題は自治体の判断に委ねられた。文科省はWi-Fi方式を推していてLTE方式には消極的だったが、熊本市は少数派のLTE方式を選んだ。元々、教室のWi-Fi環境整備が進んでいなかったうえに、熊本地震の影響から業者は復旧に手一杯で余裕がなかったからだ。学校の数も多く、急いで進めるのにWi-Fi方式では間に合わないという判断だった。それは熊本市にとっては怪我の功名のような形になった。

後者のLTE方式の方が費用は割高になるが、使い勝手はいい。修学旅行や社会科見学や遠足、部活動の試合などでも、屋外で自由に使える。そして自宅への持ち帰りをさせる場合にも、家庭のWi-Fi環境を気にする必要がなかった。

LTE方式の利点はそれだけではない。

熊本市は2018年、熊本大学、熊本県立大学、NTTドコモと教育ICT推進に向けた連携協定を結んでいる。この四者による会議は毎月、さらに県外の専門家も入った情報化検討委員会という有識者会議も年に数回開いている。会議ではドコモの持っているデータで学校ごとの利用状況をチェックしている。積極的な学校、あまり積極的ではない学校がすぐわかるのだ。さらに言えば、端末ごとにアプリの利用状況まですべて把握できるため、家庭での極端な使い過ぎもわかってしまう。

外部の力を積極的に借りてICT活用を進めている点は熊本市の特色だという。

「だからある程度安心して自由な使い方をしてもいいですよって言えるんですよね。活用とその安全のバランスを、自分たちで考えるんじゃなくて専門家に見てもらいながらみんなで考えるっていう仕組みになっているので」

こうした利点があるだけに、遠藤さんには、Wi-Fiの工事費を補助するのに、LTEの通信料はまったく補助しない国の対応に不満だった。LTE方式だと最初の工事費がいらない点である程度は相殺できるとはいえ、ランニングコストはWi-Fi方式より高い。ただ、LTE方式だと通信料を支払う代わりに、壊れても無料で交換してくれたり、トラブルがあったときには対応してくれたりする。

「保守管理も含めた費用なので、問題を起こさないで積極的に活用していくとなったら、すごく大事な機能だと思うんです。それを、教育委員会や学校だけでやるのは不可能です。熊本市はそれなりに自治体の規模が大きいし、詳しい人もいますが、それでも自力だけでは絶対無理ですから。専門家や業者に頼ることも必要ですよね」

LTE方式への補助について、市単独で議員会館などにロビー活動もしたが、最終的には対象にならなかった。

Wi-Fi方式とLTE方式のコストをどう考えるかは、世間一般には意外と注目されていない。更新時期がきたときの端末の費用負担の在り方なども相まって、今後に残された全国的な課題と言えるのではないか。

端末の悪用は？

ＬＴＥ方式が端末の持ち帰りに便利と言っても、持ち帰りを推奨するとなると、自宅での使い方がより問題になる。すでに全国で顕在化している問題である。この点の遠藤さんのスタンスははっきりしている。

「いずれは自分の端末を持つようになるんです。学校の端末は見ようと思えば全部こちらで見られるわけだから、それで悪さをする人は想定してなくて。むしろ小学生のときから学校の端末でやっちゃいけないことは自分の端末でもやっちゃいけないということなので、そういう情報リテラシーを身につけていくのが必要だから持ち帰りも推奨していくということですよね」

実際には学校の端末で悪さをする子どももいる。

「でもそれって、結局自分の端末でもできるわけで、学校の端末だけを制限したって問題の解決にはならないんですよ」

話題はいじめ問題に及んだ。

「チャット機能などを使ったいじめは、やろうと思えば学校の端末でやるのと自分の端末でやるのと大差はありません。学校の端末はＳＮＳができなかったり、フィルタリングがかかっていたりして、そういう意味では自分の端末よりも安全な環境ですが、結局制限しても、できる方法を探してやろうとする。そこはむしろ正面から使い方を身につけましょうということにすべきだと思います。それも学校で習うことの一つっていうふうに捉えていくことがいいんじゃないですかね」

また、ここ数年の子どもたちの使い方を見ていて、小学校からタブレットを使っている学年と、中学校に進学してからタブレットを配られた学年では、小学校時代を経験していない後者の方が問題の起きることが多いという。

「いまは過渡期。小さいころから使い慣れていて、ちゃんといいことと悪いことを身につけていけば問題は減っていくのだろうと思っています」

タブレット導入時の本気度

外部の力を借りた学校運営はかつて多くの学校が苦手としてきたが、以前に比べればそれが重要だという認識は全国的にもかなり広がってきた。遠藤さんにICT化を進めるうえでの外部機関との連携について聞いてみると、「絶対に必要です。連携があるからやっていられる」という答えが返ってきた。

熊本市の場合、ICT支援員はNTTの外郭団体であるNPO法人アイシーティーサポートスクエアに委託している。

「熊本市教育センターの部屋では、熊本市の職員とNPOのICT支援員が机を並べていて、みんな熊本市の人みたいな感じで活動しています。教育委員会や学校には、ICTで問題が起こったときにどう対応したらいいのかという専門的なノウハウがない。素人が勝手に対応したら危ないですから、プロに見てもらいながら進めているってことですね」

そして、タブレット端末を本格的に導入するときの支援体制が、現場に本気度を見せつけたようだ。

「熊本市教育委員会の職員とドコモの社員とICT支援員が、みんなで全部の学校回って一人一人に教えたんですよ。学校の先生たちが見ても、誰がドコモの人で誰が教育センターの人で誰がICT支援員なのか区別がつかなかったと思うんですが。『教育委員会がICTの使い方を研修するっていうから指導主事が一人来てしゃべるのかなって思っていたら10人くらいでドッときて手取り足取り教えてくれるから、これは教育委員会が本気なんだと思った』という感想がありました。教えてくれる人がいれば、教育委員会だろうがドコモだろうが、誰でもいいんです。とにかく丁寧に教えてくれる人が必要なんですよ」

そして、定期的に学校を回っているICT支援員は、学校ごとの活用状況の違いに最も詳しいのだという。

「私も学校に行って授業をみると大体ICT支援員さんがいるので、『この学校どうですか？』って聞くと『いまの校長になってだいぶ活用が進んできていますね』といった答えが返ってくる」

ＩＣＴ支援員は、教育委員会にとって、重要な情報源なのだ。

確かに、このＩＣＴ支援員の情報を生かさない手はない。しかも、熊本市は過去の蓄積がある。ＮＰＯ法人アイシーティーサポートスクエア自体、熊本市がＩＣＴ環境が先進的な位置にあった10数年前にできている。当時熱心に取り組んでいた人たちが、熊本市の教員の中にも残っているのだ。

「その人たちが超ベテラン教師なんですよ。だから熊本市のＩＣＴの熱心度はふたこぶになっていて、退職ギリギリの50代後半と若い人の中に非常に熱心な人たちがいる」

退職した人たちが再任用になって、オンラインの不登校支援をやってもらったりしているのだという。

教育委員会改革とＤＸ

情報化からみる学校の未来についての話になった。教育界にもＤＸという言葉が飛び交うようになったが、学校は進化していくのか、進化していけるのか。

「これからは、学校と教育委員会と保護者、子どもも含めて、リアルタイムでの情報共有ができるようになるんじゃないかなと思っています」

熊本市では、情報の共有に向けてすでに取組が始まっている。その一つが、教育委員会が開く会議のYouTubeでの公開である。

事前に校長会を通じて各学校に議題を伝え、届いた意見を見ながら議論をしたり、YouTubeの中継を見てもらいながらリアルタイムで校長会に意見を聞いて会議を進行したり。分散登校を決めたときも、小学校長会から預かりが必要な児童をどうするかで意見があったので、その意見も参考にしながら教育委員会会議で議論を進めた。

遠藤さんは、技術がさらに進んで情報の共有が格段に進めば、「教育委員会は現場を知らない、学校現場の人も教育委員会が何をやっているのか知らない」ということが防げるのではないかというのだ。不毛なやりとりの多くの原因はお互いの情報不足だからだ。

「教育委員会でやっていることが常に一人一人の教員のタブレットですべて共有できたり、教育委員会全体で一人一人の教員の考え方がリアルタイムで共有できたりすれば、情報の共有が格段に進んで、『現場を知らない』という問題の解決にもつながるんじゃないのか。私の勝手なイメージで言うと、みんなが水晶玉を持っていて、その水晶玉を見るとすべての子ども、全教職員、全保護者、全教育委員会の考えていることがぼんやりとでもわかるみたいな。そういう技術が可能になるんじゃないかっていう――」

「ちょっと怖い気もしますね」という筆者の反応を見て、遠藤さんは言葉を変えた。

「勝手に人の頭の中まで見るんじゃなくて、あるテーマについて、リアルタイムでアンケートが取れるというか、考え方をその場でみんなで共有しながら議論ができるというイメージです」

それならわかる。さらに、わかりやすいのがさまざまな調査結果のリアルタイム化だ。

「いろんな調査ってすごく面倒くさい。それが必要なくなるんじゃないかって」

学校では毎日、出欠席を記録している。統計上の不登校の目安となる欠席30日以上の子どもの数一つとっても、リアルタイムで共有できていれば、わざわざ調査をかける必要はなくなる。

この話を聞いて、とある東京都内の小学校の副校長の話を思い出した。コロナ禍で欠席者数を毎日学校で集計するようになって、どのクラスがそろそろ学級閉鎖のタイミングかが読めるようになったというのだ。これまでの学校はこうしたデータに強くはない。分析するような時間もなかったと言ったほうがいいのかもしれない。

毎年行われている学校基本調査は、わざわざ集計しなくても児童生徒数をリアルタイムで把握し、データが共有できる。

「文科省の調査って結果の発表が遅いですよね。紙と郵便で集計していたころと同じペースでしか集計していない。ただExcelで足すだけだったら誰でもできるし、47都道府県分足すだけだったら1日でできる。なんでそれが半年も1年もかかるんでしょう。いまデジタル庁でやろうとしてるかもしれないけど、全国の児童生徒数も今日の欠席人数もすぐにわかるようになれば、不登校の数を年1回調べる必要はなくなる。いじめの件数だって同じです。調査が必要なくなる教育行政――それがＤＸなんじゃないですかね」

教育現場には付き物のようなさまざまな調査だが、調査などの事務作業から解放された学校は、それだけで大きな変化が目に見えそうだ。働き方改革の観点からも重要なポイントである。

当事者意識をどう持たせるか

筆者は、YouTubeでの会議の公開や学校の校則の見直しといった熊本市の動きに以前から注目してきた。

熊本市では２０２０年に新しい教育大綱を策定した。その基本理念のキーワードの一つが「主体的に考え行動できる人づくり」である。

「豊かな人生とよりよい社会のために自ら考え主体的に行動できる人を育むっていうことにしたんですね」

子どもたちが主体的に学ぶ授業に変えていくためのＩＣＴ活用であり、自分たちのルールは自分たちで作る実践を子どものころからやっていこうというのが校則の見直しだ。それらは、民主主義の担い手を学校で育てることにもつながる。

教育委員会会議のYouTubeでの公開は、２０２０年2月の一斉休校の時期の出来事がきっかけで始めたものだ。当時、休校するかしないか、延長するかしないか、その都度、教育委員会会議を開いて何時間も激論を交わして決めていた。

「結局、どれだけ時間をかけて決めても、教育委員会の通知にせよ、メディアの報道にせよ、決まった結果しか伝わらないんです。そうすると、勝手に急に決めて上から降ろされても困る、知らなかったという意見が常にあるんです」

そこで一度は、知らなかったと言わせないためにはどこまでやればいいのか試してみようと、いつの教育委員会会議で休校について話し合うということを事前にＮＨＫのニュースで2回、地元紙の熊本日日新聞で2回、流してもらった。ホームページでもTwitterでもFacebookでもその情報を流した。それでも「突然決めるなんておかしい」という意見があった。

「あなたはテレビも見てないし、新聞も読んでないし、ホームページもTwitterも見てないんですねって思いましたが、じゃあYouTubeで中継しますからそれを見てください、となったんです。どれだけ真剣に議論して決めているのか直接見てほしいと。でも、結局YouTubeで中継していても見てない人は見てないでしょう。自分に関心のないことはどれだけ言っても見ない。説明不足や周知不足ではなく、当事者意識不足なんですよ」

だからただ説明するのではなく、最初からアンケートを取ったり、話を聞いたりする機会を設けた。「いかに自分たちも当事者で、みんなで決めていったんですよという形をつくることが大事だなという点に思いが至った」という。そう言われて、熊本市が、校則について数万人規模で教員、児童生徒、保護者にアンケートを行っていたことを思い出した。

教育委員会会議の公開YouTubeは、カウントをみていると4桁になることもある。遠藤さんはその数を意識していないようだが、「教育委員会が勝手に決めているんだということではなくて、これだけみんな議論して、いろんな意見が出てそれを踏まえたうえで決めてるんだよということを、少なくとも学校には見てほしい」という。

「技術がさらに進めば、みんなの意見も、私たちの議論も、もっと自然にリアルタイムで共有できるようになるはずです。そのことが、子どもから大人まで、民主主義の担い手としての当事者意識を持つことにもつながる。それが、私が描く情報化を通した教育の未来像です」

学校の情報化はどこまで進むか

2010年8月号

積極的な民主党政権

民主党政権のもとで、積極的に進められようとしている教育政策の一つに学校の情報化がある。

電子黒板など、学校のICT機器は昨年、「スクールニューディール」と呼ばれた自民党政権時代の大型補正予算で、普及が進むかに見えた。だが、その直後の政権交代で、補正予算が見直され、いわゆる〈仕分け〉作業でも、ICT関連予算がやり玉にあがったため、民主党は学校のICT化に消極的なのかという誤解もある。しかし、その後の姿勢を見ていると、むしろ逆である。

その象徴的な存在は文部科学省予算ではなく、原口一博《はらぐちかずひろ》総務相が昨年末に発表した「ICT維新ビジョン」だ。このビジョンでは、[1]2015年までにデジタル教科書を小中学校の全児童生徒に配備するとしている。

[1] 2018年の学校教育法一部改正により、2019年4月より学習者用デジタル教科書の使用が可能となった。2024年度からのまず英語での導入が見込まれている。

iPhone人気に続き、iPadが我が国でも発売され、電子書籍が本格的に普及する時代を迎えたことも追い風になっている。ソフトバンクの孫正義《そんまさよし》氏が「子どもたち全員に電子教科書を配っても、八ッ場ダム一つ作るより安い」と積極的にアピールするなど、IT業界の期待は高い。

では、デジタル教科書の普及が原口ビジョンのように進み、❷子どもたちが紙の教科書の代わりに電子情報端末をランドセルに入れて登校する時代が、本当に来るのだろうか。そんな見通しを考える前に、デジタル教科書の特性を見ておきたい。

❷GIGAスクール構想の前倒しで、少なくとも端末を持ち帰る時代は到来している。

発行進む教師用デジタル教科書

そもそも教科書というと、個々人が持ち歩くものを想定するが、現在、普及しつつあるデジタル教科書は、教師が電子黒板で示して使う指導用のものだ。教科書に完全準拠したものがすでに、国語や英語で販売されている。

社団法人教科書協会が会員45社を対象に、5月に聞いた調査では、小学校では51種類のうち28種類が指導用デジタル教科書を発行予定、7種が発行検討中だった。国語・算数・理科で全社、社会も4社中3社が発行を予定している。

採択が来年度になる中学校では、62種類中、発行予定は17種、検討中が35種。

発行の可否は、教科書中心に授業を進める教科かどうかや、採算ベースに乗るシェアを持っているかどうかといった点も影響しているようだ。

ただ、電子化は時代の流れだ。❸新学習指導要領の実施に伴う新しい教科書に合わせて、教師用デジタル教科書の発行が一気に進む勢いである。ただ、厳密に言えば、教科書とは、文科省の検定にパスした紙の教科書のことである。いわゆる電子黒板を使って表示されるものは、あくまで教科書準拠のデジタル教材ということになる。このため、著作権上、掲載の許諾がどこまで得られるかというハードルもあるという。

また、今後のことを考えると、デジタル教科書制作の経済的対価をどう考えるかという問題が大きくなる。ここでも、国が低価格で抑える政策を今後もとり続けるのかどうかという問題もある。

❹個人用のデジタル教科書が普及すれば、教科書供給会社の役割はどうなるのか。新聞が電子化されれば、販売店が存亡の危機に立つのと同じ構造だ。

❸2008年告示の旧学習指導要領。

❹学習者用デジタル教科書は大規模な実証実験も行われたが、本格的な導入には賛否が分かれている。

教科書デジタル化の利点

電子黒板で示せる教材は、文字どおり黒板のように、画面に線を引いたり、文字を消したりできるだけでなく、部分的に大きくしたり、動画を映したり、音声を再生したりもできる。⑤その点では子どもたちの関心を引きつける。また、教科書と同じものを教師が指導するわけだから、教科書のどの部分を示しているかもよくわかる。教師間で学習情報が共有化できるし、慣れてしまえば掲示物の準備の負担は軽減される。

インターネットにつながっている点も利点が大きいはずだ。教科書に書いてあることから発展した調べ学習のための準備が容易になる。インターネット上で提供される教材を、本来の教科書と関連づけて活用することもできるようになる。

ただ、どこまでが教科書かという線引きはあいまいになる。教科書検定も本質的な影響を受けるだろう。来春から使用される教科書の中にも、自社の教材につながるアドレスを表記した記述に、「特定商品の宣伝につながる」と意見がつき、削除されたが、こうした表記は、デジタル教科書が普及したらごく当たり前になるかもしれない。

学力面の検証も重要

一方、子どもたちが持つ端末の方は、タブレット型のパソコンを使って、漢字の書き取りなどの指導をする実証実験が始まっている。この点では、⑥一般

⑤とくに障害のある児童生徒や日本語指導が必要な児童生徒等に対する活用を促す必要性が「令和の日本型学校教育」答申で指摘されている。

⑥GIGAスクール構想によって2021年度、高速大容量通信ネットワークが整備された。

教室での無線LANの整備が欠かせない。

前述の教科書会社への調査では、端末タイプの教科書の検討も始めた会社がある。個々の児童生徒が端末を持てば、個々人の学習の記録も蓄積される。❼宿題もオンライン上で出される日が来るかもしれない。授業を欠席してもフォローしやすい。しかし、子どもたちの学力がどうなるのかという本質的な問題での分析が必要だろう。端末を子どもたちが四六時中いじるようになっては困るといった、素朴な心配にも応える必要がある。

全国学力・学習状況調査では、ICT環境が整っていて、授業での活用頻度が高いと、テストの成績がよかったという分析もある。ドリル的な学習では、定着度が高まるということもある。

一方で、「動画などで解説が豊富になると、自分で問題をイメージして解く力は弱まる。抽象概念を現実問題に当てはめる力を育てられるかどうかは疑問だ」という声もあがる。❸新学習指導要領でも強調される「考える力」を養うのに有効なのかという指摘だろう。

端末タイプの教師の指導法は？

文科省では「学校教育の情報化に関する懇談会」が4月に発足した。この場

❼コロナ禍により現実のものとなっている。

では、自由討議の時間がかなり設けられた。また、文科省が設けた「熟議カケアイ」という、誰でもオンライン上で参加できる討議の場でも意見を集約するなど、多様な意見を集めて慎重に吟味しようとする姿勢も見られた。この懇談会の場で一定の方向性が示される。

学校が手をこまぬいていると、iPadのような情報機器が家庭で本格的に普及し、携帯電話と同じような学校と家庭の情報格差に悩まされることにもなる。欧米だけでなく、韓国やシンガポールなど、アジアでの学校の情報化の進展も意識する必要がある。

だが、学力とともに、❽もう一つの大きな課題が教師の指導法だろう。普及が進む教師用デジタル教科書への習熟以上に、個別端末タイプを教科書として全面的に使うには未知の部分が多すぎる。ＩＴに詳しい教育関係者でさえ、どうやって使うかイメージがわかないという声があがっているだけに、教員養成段階の問題も含めて、慎重な対応が必要だ。

ちなみに、6月の首相交代で、文科省の政務三役は続投となったものの、菅《かん》政権は教育政策に力が入らないという声も聞こえる。学校の情報化にも影響が出ないとは限らない。

❽文科省からは「学習者用デジタル教科書の効果的な活用の在り方等に関するガイドライン」が示されている。

新段階に入ったICT活用

2014年5月号

OECD平均との落差

2013年12月に結果が公表された経済協力開発機構（OECD）の国際学習到達度調査（PISA）❶。2012年に実施されたこの調査の生徒質問紙で、OECD平均と日本の数値が大きく懸け離れていた部分がある。学校外でのコンピュータ（携帯電話を含む）やインターネットの利用である。他のOECD諸国の15歳が多様な使い方をしているのに対し、日本の高校生はきわめて限定的だった。

具体的に示そう。日本の高校生が、「毎日」あるいは「ほぼ毎日」利用すると答えた割合がOECD平均より高かったのは、「Eメールを使う」（日本63・3%、OECD平均35・4%）と、「1人用ゲームで遊ぶ」（日本26・3%、OECD平均19・6%）だけだ。

❶15歳児を対象に読解力、数学的リテラシー、科学的リテラシーの三分野について3年ごとに実施している。

ゲームやチャット、SNS（ソーシャル・ネットワーキング・サービス）への参加のほか、ネットを見て楽しんだり、ネットで実用的な情報を調べたり、音楽や映画ゲーム、ソフトをダウンロードしたり、自分で作ったコンテンツをアップロードしたり、大半の項目で、日本はOECD平均を下回った。毎日利用する割合がOECD平均の半分以下の項目も少なくなかった。

実は、この調査には、学習目的でのコンピュータの利用についての質問項目もある。しかも、自分で楽しむ利用についての質問より差が大きいのである。「コンピュータで宿題をする」は、日本は「まったくか、ほとんどない」が88・1%もあった。OECD平均は25・2%で、ほぼ半数が、少なくとも週1回以上は利用していた。「Eメールを使って先生と連絡を取り、宿題等を提出する」も日本は「まったくか、ほとんどない」が87%。OECD平均では、ほぼ半数が少なくとも月1回以上、Eメールで宿題などを出している。さらに、「学校の勉強のために、インターネット上のサイトを見る」も、「まったくか、ほとんどない」が日本は53・6%もあるが、OECD平均は13・8%だった。

❷日本以外のOECD加盟国では、コンピュータが学習面でかなり使われているのである。

❷PISA2018においても、我が国の「学校の授業におけるデジタル機器の使用時間はOECD加盟国で最下位」、「学校外でのICT利用は、学習面ではOECD平均以下、学習外ではOECD平均以上」となり、GIGAスクール構想導入の背景となっている。

タブレットで宿題をする時代

しかし、我が国でも、本格的にコンピュータを活用する教育を模索する時代に入ったと思う。スマートフォンやタブレット端末が近年、爆発的に普及したからだ。

以前に、総務省が始めた❸フューチャースクールの一つを取材したことがある。ここでは、学校向けに開発された安価で特別な端末を使っていたため、故障が多く、活用以前の問題を指摘せざるをえなかった。iPadなど、市販の端末であっても、学校での維持管理やバージョンアップが、予算面で大きな存在として残ることは確かだろう。

しかし、国が学校での1人1台の端末普及に本気で動き始める兆しもある。そうなれば、この問題のハードルは低くなる。学校での端末の本格的な活用を後押しするのは、学校外での普及だろう。国内でも、すでに通信教育や塾などの民間教育機関で、タブレット端末を使った教育が始まっている。オンライン予備校でもニーズが高いと言われている。

学校現場でも、佐賀県武雄市、東京都荒川区、大阪市などで、先行して、1人1台のタブレット端末での教育を模索する動きがある。この動きが広がると、

❸対象校の全児童生徒に1人1台のタブレットPCを配付するなど、ICT環境の構築等の実証研究が2010年度から2013年度に実施された。

今後、自治体間の格差がクローズアップされるかもしれない。

ともあれ、日本でもタブレット端末で宿題をして提出する時代は、すぐそこまで来ているとも言えそうである。むろん、手放しで歓迎するわけにはいかないが、❹端末を自宅で使う場合のルールなども具体的に考えておく必要があるのではないか。

ビデオ予習型授業は広まるか

端末の普及とともに注目を集めるのが、「反転授業」と呼ばれる手法である。知識を学ぶような内容は、自宅で端末を使って学習させておき、学校の授業は、疑問点をただしたり、互いに意見を交わしたり、集団の中で顔をつきあわせてしかできない内容に重点を置く形に変えていこうというものだ。

リクルート出身で、東京都杉並区立和田中学校長を務めたあと、大阪などで教育改革にかかわる藤原和博《ふじはらかずひろ》氏は、この手法を「ビデオ予習型授業」と呼んでいる。

3月に行われたシンポジウムで藤原氏は、この言葉を紹介し、内容が繰り返し見られるなど、ビデオの利点を強調。「自宅で学習するにも個人差がある。落ちこぼれも起きるのではないか」という質問には、「ビデオにすると家族で

❹GIGAスクールで配布された端末でも、動画視聴など学習以外での利用が顕在化している。ただその割合は必ずしも多くないというデータもある。ルールは子ども自身が考えるのが肝要。

一緒に見るようになり、親子の関係が変化するし、動画で動機付けが高まる。教室では、できる子がわからない子に教えさせる手法もある」と答えていた。

この授業の心配は、まさに自宅でちゃんと予習をしてくれるか、にかかっているだけに、先行自治体の取組に注目したい。

藤原氏は、全国的にすぐれた授業のビデオ収録に取り組んでおり、やがて授業の〈革命〉が起きるとも述べていた。このビデオを活用することで、とくに小学校で苦手な教科をビデオに頼る〈分業〉を勧めるのだ。筆者も以前から、小学校の教員は、もっと分業して[5]教科担任制を入れていいと考えてきたので、この点にも大いに関心がある。

釈迦に説法になるが、教員の担当教科・科目の得意・不得意は、あまり顕在化しないものの、実は大きな問題なのだ。大量退職・大量採用で、若手教員が極端に増えている自治体では、このまま放置しておくと、教員全体のレベルが確実に下がる。それだけに、[6]教員の研修の一つとしても、ビデオの活用は進めるべきだと思っている。

大学教育で広がる活用

すでにご存じの方も多いと思うが、オンラインで学習する手法は、世界的に

[5] 2022年度より小学校高学年での教科担任制の推進が始まっている。4年程度かけて3800人程度の定数改善を進めるとしている。

[6] 教職員支援機構(NITS)では「校内研修シリーズ」として2017年より動画講義をホームページに掲載している。

大学教育で急速に進んでいる。ＭＯＯＣｓ《ムークス》と呼ばれる無料のオンライン授業である。

米国などの有力大学が先行して、ケタ外れの受講者を集めている。高等教育では、まさに〈革命〉が進行しているのだ。日本の大学でも、日本語での無料オンライン授業が、この春から始まった。❼筆者も実体験をするつもりでいる。

また、ＭＯＯＣｓの授業配信以外でも、学習効果をあげる（学生にもっと勉強させる）ために、反転授業（ビデオ予習型授業）的な取組を進める大学は増えている。

❽学習というものは、学ぶ側が学ぶ気満々であれば、どんな環境であっても学んでいけるものだろう。そう考えると、ビデオの授業も、学ぶ側の児童生徒の意欲をかき立てる手法の一つであることは間違いない。

もちろん、小学校の低学年から、いきなりこうした学習が有効かといったら、疑問符がつく。ＩＣＴをどういう場面で使うかということは、よく研究されなければならない。

また、ＩＣＴに詳しい人のなかにも、活用に慎重な声はある。そうした声にもしっかり耳を傾けたい。ただ、どんな教員も、ＩＣＴとの付き合い方を考える時代になっていることも確かなのである。

❼実際に受講してみて、すき間時間の有効活用が重要だと実感した。

❽現行学習指導要領の総則には児童生徒に育成すべき資質・能力の一つに「学びに向かう力」が規定され、学ぶ意欲の喚起が重要になっている。

教育振興基本計画と「未来の教室」

2018年8月号

知徳体のシンプルな指標

今年度から2022年度までの国の新しい教育振興基本計画が、6月に閣議決定された。2008年から5年ごとに策定され、今回が3期目だ。計画には目標があり、その達成状況を測る指標が欠かせない。今回は21の目標の測定指標や参考指標が、かなりシンプルな形で示された。指標の設定からは、国が何を重視しているかが読み取れる。

21の目標のうち、まず「主として初等中等教育段階」として設定した目標は知徳体それぞれの一つずつ。「確かな学力の育成」(目標1)では、測定指標を「OECDのPISA調査等の各種国際調査を通じて世界トップレベルを維持」とし、参考指標には「PISAにおける習熟度レベル5以上(上位層)及びレベル2未満(下位層)の割合」をあげた。レベル5以上を増やし、レベル1を

❶第3期教育振興基本計画。現在、2023年度からの第4期計画が審議されている。

❷2021年に実施、2022年に公表予定だったPISAは、新型コロナウイルス感染症の世界的な流行で1年延期に。指標による判断は計画期間中にはできなくなった。

減らすことは、人口減社会となったこれからの日本の国力に大きく影響する。

「豊かな心の育成」（目標2）では、「自分には良いところがあると思う児童生徒の割合の改善」や、いじめの解消率の改善を測定指標に、「人の役に立つ人間になりたいと思う児童生徒の割合」を参考指標にした。ここからは、日本の子どもたちの自尊感情の低さやいじめ問題の深刻さが浮かび上がる。

「健やかな体の育成」（目標3）では、子どもの体力水準を1985年ごろの水準まで引き上げるとし、朝食を食べない子どもを減らすとともに、毎日、同じくらいの時刻に寝起きする子どもを増やすことも測定指標にした。生活習慣の改善を、これまで通り重視しようという姿勢だ。

弱者や多様なニーズにも対策

「グローバルに活躍する人材の育成」（目標7）の初等中等教育に関連する部分では、英語力について、中学卒業段階でCEFR《セファール》❸のA1レベル相当以上、高等学校卒業段階でCEFRのA2レベル相当以上を5割以上とした。それぞれ、英検で3級レベルと準2級レベルということになる。また、「日本人高校生の海外留学生数6万人」も測定指標としている。

弱者への施策は「家庭の経済状況や地理的条件への対応」（目標14）という

❸外国語の学習、教授、評価のためのヨーロッパ共通参照枠。A1・A2は基礎段階の言語使用者、B1・B2は自立した言語使用者、C1・C2は熟練した言語使用者とされる。

形でまとめている。測定指標には、生活保護世帯、ひとり親家庭、児童養護施設の子どもの高校や大学進学率などが、参考指標には、大学進学率の地域間格差なども入った。

さらに、「多様なニーズに対応した教育機会の提供」(目標15)としては、特別支援教育として、発達障害の子どもたちにも求められる個別の指導計画等の作成を増やすことや、学校外の機関も含めて、何も手が差し伸べられていない不登校の子を減らすことも盛り込まれた。

そして、こうした政策を進めるうえでの基盤整備の測定指標として、教師の1週間当たりの学内総勤務時間の短縮だけでなく、「1日当たりの事務時間の短縮」をあげた点にも注目しておきたい。

学校の安全面では、東日本大震災後の第2期計画で、❹校舎の耐震化が重要な課題となった。今回も「公立学校施設の長寿命化計画の策定率を100%にする」という測定指標を入れている。そして、「ICT利活用のための基盤の整備」(目標17)では、測定指標として、「学習者用コンピューターを3クラスに1クラス分程度整備」「普通教室における無線LANの100%整備」「超高速インターネットの100%整備」を明確に示した。

❹文科省の2022年度調査では、全国の公立小中学校で耐震化が未実施の建物は2022年4月1日時点で288棟(耐震化率99・7%)となっている。

超スマート社会の教育

　さて、このＩＣＴの環境整備と、今後の教育振興基本計画にも密接につながりのある、Society5.0に関わる報告や提言が、文部科学省と経済産業省から6月に相次いで出たことも紹介しておきたい。

　文科省の方は「Society5.0に向けた人材育成～社会が変わる、学びが変わる～」と名前のついた報告で、有識者による「Society5.0に向けた人材育成に係る大臣懇談会」と「新たな時代を豊かに生きる力の育成に関する省内タスクフォース」がまとめた。経産省の方は「『未来の教室』とEdTech研究会」の第1次提言だ。

　Society5.0❺とは、狩猟社会、農耕社会、工業社会、情報社会の次に来る社会で、人工知能（ＡＩ）、ビッグデータ、Internet of Things（ＩｏＴ）、ロボティクスといった先端技術があらゆる産業や生活に取り入れられた「超スマート社会」のことを言う。教育も劇的な変化を遂げると言われており、国の第3期教育振興基本計画でも触れている。

　その変化を促すのがEdTech《エドテック》。「Education（教育）」と「Technology（技術）」を組み合わせた造語で、教育にテクノロジーを生かそうという取組だ。民間教

❺第6期科学技術・イノベーション基本計画において、「持続可能性と強靭性を備え、国民の安全と安心を確保するとともに、一人ひとりが多様な幸せ（well-being）を実現できる社会」として再定義された。

育をより積極的に取り込んで「未来の教室」を考えようという経産省の提言をみると、米国や中国などの諸外国において、EdTechが急速に進展していることがよくわかる。

また、❻文科省の報告でも、「一人一人の能力や適性に応じて個別最適化された学びの実現」や「異年齢・異学年集団での協働学習」といった言葉が躍っており、パイロット事業として現実のものになろうとしている。

経産省の提言には、「『未来の教室』（2030年頃の「普通の学び方」）をどうイメージするか」という章がある。そこでは、学校だけでなく、オルタナティブスクール・学習塾・自宅・社会課題の現場・研究施設といったさまざまな教室空間がある。そして、AI・講義動画・電子書籍・VR・オンライン会話・プログラミングソフトといったさまざまなEdTechが使われることになる。

❻2021年1月の「令和の日本型学校教育」答申では、個別最適な学びと協働的な学びの一体的な充実が提言された。

国際的に見たICT活用の遅れ

個に応じた学びの実現という理想実現には、ICT環境の整備が欠かせない。その遅れは、ICTを活用した教育の遅れにつながる。

しかし、経済協力開発機構（OECD）のPISAのこれまでの質問紙調査でも、国語や数学や理科といった授業でコンピュータを使っている生徒の割合が、ＯＥＣＤ平均と比べても極端に低かった。

さらには、宿題にコンピュータを使う割合でも、軒並み、ＯＥＣＤ平均を大きく下回る結果が出ている。「Ｅメールを使って先生と連絡をとり、宿題やその他の課題を提出する」「携帯電話やモバイル機器で理科の学習アプリをダウンロードする」「先生と連絡をとるために、ＳＮＳを利用する」「学校のウェブサイトから資料をダウンロードしたり、アップロードしたり、ブラウザを使ったりする」「コンピュータを使って宿題をする」といったことを、どんどん始めている国も少なくないのである。

国際的に見て日本が⑦ＩＣＴ環境とその活用で遅れていることを、学校現場はまだあまり認識していないのではないか。紙と鉛筆と黒板に意味がないというつもりは毛頭ない。一斉授業も時には必要だ。しかし、教室の外の世界に目を向け、教育のこれからに思いをはせることが、かつてないほど大事な時代になっている。

⑦ＧＩＧＡスクール構想の前倒しでＩＣＴ環境の整備は一気に進んだが、端末の持ち帰りなど、活用の濃淡は地域や学校によってかなり出ているようだ。

デジタル改革と新年度予算

2020年11月号

新型コロナウイルス感染症の広がりの影響で、各省庁の2021年度予算の概算要求が、いつもより1ヵ月遅れで提出された。菅義偉《すがよしひで》・新内閣の目玉政策の一つが行政の❶デジタル化の推進だという。菅首相は就任早々、デジタル改革関係閣僚会議を立ち上げ、教育もその重要な対象の一つになった。そうした視点にコロナ禍を絡めて、文部科学省の来年度の施策をみていきたい。

GIGAスクール支援人材

まずは小中学校に児童生徒1人1台の端末と高速ネットワーク環境を整備するGIGAスクール構想だ。8月末の文科省の調査では、関連経費の議会承認まで進んだ自治体は70%を超えたが、納品済みはわずか2%（37自治体）。とくに重点的に感染拡大の防止の取組を進めていく必要があるとされた大都市圏

❶2021年9月にデジタル庁が発足しているが、事務方トップの交代などもあって、成果が見える形になるまでには時間がかかりそうだ。

など13の特定警戒都道府県でも、納品済みは2・3％（17自治体）にとどまった。元々、2023年度までだった構想を、2020年度中と大胆に前倒ししただけに、やむを得ない面もある。年度内にはほとんどの自治体で体制が整うようではある。

なお、再び感染が拡大したときのために、ICT環境の整っていない家庭に対する、端末やルーターの貸し出しなどの対応策の準備についても、8月末時点では限定的だ。全児童生徒に準備済みは28・7％、13都道府県に限っても32・3％にとどまっていた。

2021年度予算の概算要求では、本格的に動き出すGIGAスクール構想の支援策として、GIGAスクールサポーターの配置という新規事業を打ち出した。オンライン学習時のサポートも含めて、ICT関係企業OBなど、環境整備に知見を有する技術者を想定して、その人件費や旅費などに充てる。

すでに学校には、機器のメンテナンスや日常の授業支援を担うICT支援員❷がいて、どちらも4校に1人の想定だが、支援員が地方財政措置なのに対し、サポーターは公立私立で半額補助。うまく回れば、支援がより充実することになるだろう。

❷「情報通信技術支援員」として、法改正により学校の職員に位置づけられた（学校教育法施行規則65条の5）。

デジタル教科書の生かし方

新年度からは「❸学習者用デジタル教科書普及促進事業」も本格的に動き始める。

ＧＩＧＡスクール構想で１人１台端末が実現した前提に立ち、小学校５、６年生で１教科、中学校全学年で２教科を対象に文科省が学校設置者（私立を含む）に調査する。どの教科にするかは学校の設置者が決めることになるから、重要な決断となる。

❹50億４５００万円の概算要求額がそのまま認められれば、全国の小中学校の７割が対象にできるというから、子どもたちにも、デジタル教科書がかなり身近な存在になるはずだ。

一般のクラウドを使う形をとるので、子どもたちは自宅での宿題にも活用することになる。

さらに、オンライン学習システム（❺ＣＢＴシステム）の全国展開なども、概算要求に盛り込まれており、学習履歴など、子どもたちを評価する面でも位相が変わることになる。❺全国学力・学習状況調査も、いずれ紙ではなくＣＢＴ化されることになる。

❸その後、文科省は２０２４年度から、まず小学5年〜中学3年の英語で先行的に導入する方針を決めた。

❹その後、「学びの保障・充実のための学習者用デジタル教科書実証事業」は20億３３００万円で成立した。２０２２年度予算では20億5００万円となっている。

❺Computer Based Testing。全国学力・学習状況調査は２０２４年度から順次ＣＢＴ化が予定されている。ＯＥＣＤのＰＩＳＡでは２０１５年度からＣＢＴに移行している。

こうしたデジタル化の施策は、ＯＥＣＤ諸国などで進んでいる国もあり、我が国は周回遅れとさえ言われてきた。ＧＩＧＡスクール構想の前倒しと合わせて、ようやくデジタル化先進国の入り口に立つということではないか。

ただ、ここでもデジタル化を生かせる教員や❻外部の人材がどれだけ確保できるかがカギを握るだろう。

30人学級にどう踏み出すのか

さて、今年度予算の焦点の一つになるのが、コロナ禍でも求められた学級規模の縮小に、どういう形で踏み出すのか、である。文科省の概算要求は、金額を示さずに今後の折衝に委ねる事項要求となった。

政府の教育再生実行会議や自民党の教育再生実行本部が背中を押しており、実行会議での委員の発言や実行本部での提言では30人という数字が出ている。少人数化は「令和のスタンダード」と、萩《はぎ》生《う》田《だ》光一《こういち》文科大臣も繰り返している。

公立義務教育諸学校の学級編制及び教職員定数の標準に関する法律（義務標準法）による学級規模の標準を45人から40人にする計画が達成できたのは１９９１年で、12年かかっている。その後、民主党政権時代の２０１１年には、法改正で小学1年生だけが35人となった。翌年には法改正ではなく教員の追加

❻２０２３年度予算の概算要求では各都道府県等における「ＧＩＧＡスクール運営支援センターの機能強化」があがっている。支援センターの運営は民間への業務委託が想定されている。

配置で小学2年生も35人学級を実現した経緯もある。

文科省が自民党に示した大まかな試算によると、2021年度から全国の公立小中学校の全学年で30人学級を実現した場合、教員が新たに8~9万人必要になるという。一方で、数年かけて段階的に移行すれば、少子化の進行で5万人ほど必要な教職員定数が減るなど、「大きな財政負担はなく実現が可能」（9月29日の萩生田大臣会見）という。

学級規模の少人数化を巡っては、これまでも文科省が、少人数学級を先行して実施した県の学力向上や不登校の減少などのデータを示したことがあったが、財源の壁に阻まれてきた。教育再生実行会議でも、委員がコロナ禍の分散登校による不登校の減少に言及している。

ただ、それらが30人学級実施の十分なエビデンスとして説得材料になるのかどうか。❼2021年度予算確定までの議論から目が離せない。

教員の人材、管理職の人材

8万人増員とはいかないまでも、そもそも学級規模の少人数化で増える教員需要は賄えるのか。産休代替教員の確保など、期限付任用教員の不足が深刻なことは、当欄でも以前に取りあげたことがある。小学校を中心に採用倍率が低

❼この後の萩生田文科相、麻生財務相による大臣折衝により約40年ぶりの小学校全学年の35人学級が段階的に実現することとなった。

下しているなかで、さらに間口が広がって、優秀な人材を確保できるのか、気がかりだ。コロナ禍で、働き方改革がある意味で中断してしまっているとしたら、なおさらである。

今年9月、神戸市教育委員会が校長や教頭の昇任試験を全面的に廃止するというニュースが飛び込んできた。管理職のなり手不足が深刻で、今後は本人の意向と面接で選ぶのだという。それで十分な人材が確保できるのか疑問だ。

これまでのさまざまな事件などを見てきても、神戸市は課題が顕在化しやすい土地柄のような気がするのだが、無試験化は全国に広がっていくのだろうか。❽管理職選考を見直す時期に来ているのかもしれない。

かつて、民間出身校長が全国各地で採用された。この施策によって改革の機運は盛り上がったものの、いまとなっては広がりが欠けている。しかし、教員と管理職は別のルートで教育を受け、若い管理職がいてもよいのではないか、校長の在任期間をもっと延ばすべきではないか、などと考える。

おカネやポストはあってもヒトがいない――。日本はそんな社会になりつつあるのかもしれない。

❽一部自治体に論文試験を実施しないなどの変更が見られるが、全国的には論文・面接試験を課す形式が主となっている。

文科省のキーマン

合田 哲雄さん（文化庁次長）に聞く――

ご本人は「官僚は黒子」が口癖だが、異動する所、異動する所に大きな政策課題が待ち受けているのだから、「文科省のキーマン」と呼ばざるを得ない。初等中等教育の分野だけをみても、担当室長と担当課長として学習指導要領の改訂に二度携わり、教員の働き方改革を主導したかと思ったら、内閣府に出向して次の指導要領につながる教育の未来像の取りまとめ役となった。メディアへの露出も増え、黒子ではいられなくなっている。

ごうだ・てつお●1970年生まれ。岡山県出身。1992年に旧文部省に入省し、国立大学法人化（2004年）や学習指導要領改訂（2008年）を担当。NSF（全米科学財団）フェロー、文部科学省高等教育局企画官、初等中等教育局教育課程課長・財務課長、内閣府（科学技術・イノベーション推進事務局）審議官を歴任し現職。兵庫教育大学客員教授。著書に『学習指導要領の読み方・活かし方』（教育開発研究所）など。

CSTIと学習指導要領

まず内閣府の総合科学技術・イノベーション会議（CSTI《システィー》）と文部科学省が担う教育政策の関係を聞かなければと思っていた。CSTIには、2021年9月から教育・人材育成ワーキンググループが置かれ、ここでの議論が文部行政に大きな影響を及ぼすからだ。「本会議は総理が議長なので、本会議で決定するといわば準閣議決定みたいな形になる」と説明されるとなおさらである。その後、2022年6月には本会議で「Society 5.0の実現に向けた教育・人材育成に関する政策パッケージ」が決定された。その中身は、次の学習指導要領改訂の議論に影響を与えていくということになる。

「内閣府の役割は、よりよい政策形成に向けた各省とのキャッチボールみたいなものですが、CSTIが初等中等教育にこれだけまとまった形で政策パッケージを示すのは初めて。もともと、サイバー空間の増大・拡大によって社会構造が変わるという『Society5.0』を言いだしたのはCSTI。そこには、一人一人の多様な幸せ、ウェルビーイングを実現するんだ、科学技術・イノベーションはそのためにあるんだという発想がありました。2021年1月の中央教育審議会答申は、正解主義と同調圧力を乗り越えなければいけないという、非常に明確な思想を示しました。正解主義と同調圧力はイノベーションの大敵でもある。その意味では同じ土俵に立っているということだと思います」

「霞が関の宿命的・構造的な変化を感じたのは、ＧＩＧＡスクール構想が実現したときでした。このときも、まず子どもたちに１人１台の情報端末の整備が必要だと発信したのは、まさにＣＳＴＩの本会議における当時の平井《ひらい》科学技術担当大臣でした。財務省からすれば備品である情報端末に国が４６１０億円も負担するというのは絶対ありえない話なのに、２０１９年11月の経済財政諮問会議の場で安倍《あべ》総理が最終的に国家の意思で行うんだとおっしゃった。それはすなわち、文科省、経産省、総務省、内閣府ＣＳＴＩなどの連合軍が財務省を説得し切ったということです。予算措置に当たって何か構造的な変容をしようとするうえでは、財務省との間での１対１の折衝ではなかなか戦えない。そういうなかで、内閣府で教育ＤＸの先にある学びについて政府全体を見渡して議論する必要が生じてきた。今回の政策パッケージも、文科省がメインではありますが、経産省、総務省、内閣府の男女共同参画局やＣＳＴＩ、内閣官房の教育未来創造会議などが総がかりで教育ＤＸの先にある学びを共創しましょうとなっています」

まさに、構造的な変化を一気に説明してくれた。これまでの常識では情報端末を国が負担して一気に整備しようという発想はなかった。学習指導要領はどう変わっていくのか。

「次の改訂について考えるうえで大事なのは、意思形成のプロセスですね。私も指導要領の改訂は二度やっていますからよく承知をしておりますが、改訂の2年間のプロセスは基本的に具体論の積み上げになります。５００人近い委員が５００時間近い議論を重ね、すべての学校種のすべての教科、すべての学年の教育内容について積み上げていきます。その前段階として指導要領の構造を根本的に見直すなら、２０１７年の改訂から5年たった折り返し地点のいましかありません。ＣＳＴＩが文科省に求めているのは、この段階できちんと次の改訂の編集方針を決めてほしいということです」

「それは突飛なことでもなんでもなくて、前回の改訂でもやってきたことだ」と合田さんの話は続く。「今回のＣＳＴＩの政策パッケージで次期改訂についてお願いしているのは、教科の本質を踏まえた教育内容の重点化と教育課程編成の弾力化です」。

10代の声を活かす

このパッケージをまとめる前にＣＳＴＩはアンケートを実施しているが、その対象の４分の1が10代を占めていることは注目に値する。合田さんも「ちょっと驚きました」と言って、少し種明かしをしてくれた。

「ＳＮＳの影響が大きい。ＣＳＴＩワーキンググループのメンバーに広尾学園中学・高校の木村《きむら》健太《けんた》教諭（医進・サイエンスコース統括長）がいらっしゃって、木村先生のような方は、学校の垣根を越えて探究的な学びに取り組んでいる子どもたちや先生たちとつながっているんだなと実感しました」

アンケートのなかには「現在の高校生の思考と政策が掲げる理想には大きなギャップがある」と書いた生徒もいる。「自分で自分の学びを調整しろと言ったっていまの高校生はそこまで成熟してないという生徒さん自らが直面しているギャップ。また、どんなに国や有識者が立派なことを言ったところで、現実には親から『お前とにかく大学行って自分で自分の食い扶持稼ぐのが先だ』みたいなこと言われると変わらないと書いた10代の方もいた」と合田さん。

最後の意見を再録すると、「常に先のために今を犠牲にするという日本の教育方式の形を壊すことにこそ子供一人ひとりに合った教育ができると考えている。決してその道しか無いわけではないが、『大学に入って自分が生活できるぐらいの収入を得ることができる安定した職につくべきだ』と親から言われれば、いくら学歴は関係ない、一人ひとりの個性が大切だと国が主張しても国民の考えは変わらない」とある。高校生はしっかり現実をみている。

「問われているのは我々自身ですよね。変わるのに時間がかかるからと言ってここで手を打たなかったら、歴史教科書の脚注をいくつ暗記したかで、首都圏・大都市圏の伝統のある規模の大きな大学の合否が決まるという入試がまったく変わらない。高校1年生の段階から文理に分かれて、普通科の生徒のうち7割の子は文系を選択し、これだけ半導体だのmRNAだの量子コンピュータだのAIだの言われているなかで、物理や化学、微積の基礎といった学びが遠のいてしまうという状況が続いている」

「とにかく大変だよね、むずかしいよね、なかなか国民の意識が変わらないよねと言って、この状態が結局何十年も続いてきている」

「理想として掲げた政策が学校でどう受けとめられて、実現のためにどうステップを踏んでいくのか。文科省の中だけでは絶対できないのですから、経産省とも内閣府とも、場合によっては規制改革推進会議とも総務省とも組んでどう実現していくのかという構想力がこれからの教育行政には不可欠だと思います。そして、このことは、文科省でも若い職員の方が実感しているのではないでしょうか」

この発言は、ICTや部活動を巡って経済産業省とタッグを組み、CSTIを通して文科省に改革を迫った意味を表していると受けとめるべきなのだろう。

過去の学習指導要領を巡って

これまでの改革の理念が「国民に届かなかった」と思っているからこそ、合田さん自身が「ちゃんと説明する必要がある」と考えて『学習指導要領の読み方・活かし方』(教育開発研究所)を出したのである。

実は、合田さんが関わる以前の学習指導要領に対する合田さんの話には、1998年改訂に直接携わった初中局関係者が「ゆとり教育」批判が高まると沈黙したことへの批判が含まれていた。合田さんは、いわゆる「ゆとり教育」批判の火消し役として起用された経緯があるから、合田さんの批判は理解できる。

筆者と元文科省幹部の共著『もう一度考えたい「ゆとり教育」の意義』（悠光堂）も俎上にのぼった。筆者の記述部分には、「なるほどジャーナリストとしてこう見えていたのかと思うし、中西さんのジャーナリストとしての深いリフレクションもあったから、非常に興味深く読んだ」という。筆者は「ゆとり教育」が論じられた時代から学ぶことの意義という意味で執筆したつもりだったから、その意図は伝わっているようだ。

合田さんの指摘の核の一つは、「ゆとり教育」批判の的になった1998年改訂の指導要領を「減らし方に思想がなかった改訂だ」と言い切った点だ。「教科の本質を踏まえた、かつ、各教科を横断した教育内容の重点化の思想がないまま、上の学年と重複しているからとか、子どもたちの習得率が低いからという形式的な基準で教育内容を『厳選』した結果、カリキュラムの体系性を失わせた」。その後の改訂が示した「言語活動の充実」や「育成すべき資質・能力の明確化」といった指導要領全体の理念が不足していたことを「横串を通せていなかった」と表現する。

また、1998年改訂の指導要領で「総合的な学習の時間」が3コマ確保されたことについて、合田さんは「当時の政策形成において何で3コマになったか、私にはわからなかった」と発言した。指導要領改訂の責任者が、以前の改訂の事情を知ることができなかったと言っているに等しい。「理由はあったのだと思います。ただ、当時は教育課程審議会は議事録を公表していなかった」というのはそのとおりだ。「事務局の原案は2コマだったが、教育課程審議会の雰囲気が2じゃ少ないだろう、3だろうということになった」という話を聞いたことがあるという。

「学校週五日制の完全実施と総合学習3コマ確保の双方で、教科の時数を大幅に削減しなければならなかったことが、形式的な基準で教育内容を『厳選』せざるを得なかった背景の一つだったと考えています」

もう一つは、「教師は指導者ではなく支援者だという方針が、納得感が伴わない形で教条的に学校に伝えられた」「教えるべきときには教えるという含意があったうえでの政策的な発信かどうかで受けとめ方が違う」ということだった。そして、こう続ける。

「これは合田個人の意見にとどまりません。2008年1月の中教審答申にはこれらの1998年改訂の課題が明記されており、この認識に基づいて2008年改訂は行われました」

いずれにせよ、この問題を巡っては、文科省自身にも、まだまだ歴史的な検証が必要なはずという点で2人の意見は一致した。

教師集団を変える

次に働き方改革である。教員はどう変わればいいのか。まずは中央教育審議会の2019年の働き方改革答申である。「かなりのことが提言されています。管理職が教育委員会の受けをよくするために、内発的な動機に欠く研究指定校を引き受けるのは止めましょうとか。校長OB・OGにいい顔をするためだけの体育祭の一糸乱れぬ入場行進は止めてはいかがですかとか。熱中症の危険警報が出ているなかで学校の伝統だからといって夏のプール指導を続けるのは絶対に止めるべきとか。つまり、子どもたちに還元するというより、教育界を構成する大人がプレーヤーのゲームのための時間やコストは省き、子どもたちにとって大事な仕事に絞り込む必要性を（答申で）かなり明確にしました」。

そして話題はCSTIの政策提言に移る。「学校の機能自体を変えていく必要がある」というのだ。どういう意味か。

「学校は明治以来、村唯一の近代建築物で、教師も村唯一のホワイトカラーだった時期を引き継いで、社会的に信頼されているので、子どもに関することは何でも引き受けてきました。しかし、そのことが先生方の負担になっているし、子どもたちにとってもクラスが逃げ場のない割り当て空間ともなっていることを考えると、子どもたちの学びが1人1台の情報端末によってより時間的にも空間的にも多様化してくるのなら、先生方を中心とした学校の機能自体も、学校縦割り、学年縦割り、学級縦割り、教科縦割りの垂直分業から水平分業に変わっていかなければならないと考えています」

「教育界には、縦割り構造の自前主義が沁みついています。DX（デジタルトランスフォーメーション）の思考法とは、デジタルを活かしてより質の高いサービスや学びを生み出すために他人の褌で相撲をとること。YouTubeだろうとスタディサプリだろうと有効なものは何でも使うと発想を転換することが必要だと思います」

現実には、授業で教員がYouTubeを使うのはダメという指導をする教育委員会もあるという。

もう一つは、「教員集団を変えていく必要がある」ということだ。

「いまの教員免許制度は、18歳で先生になろうと思って教育学部に入って22歳で先生になって60歳まで勤めあげるというモデルが、社会全体として共有されていたときの仕掛けです。どんな分野の専門家でも、教員免許を持っていなければ、場合によっては教育学部に入りなおさなければ、普通免許はとれない仕組みになっている。教員がすべてみんな同じことができるというのが学校の強みだったわけです」

しかし、社会は劇的に変わった。

「社会構造の変化のなかで、先生方も一人一人異なる専門性があって、一人一人違うということが、むしろ学校全体としては機能強化になる。その意味においては免許制度の改善も必要になってくる。場合によっては義務標準法の教員の配置基準の考え方も変えていかなければならないと思います。指導要領、教員免許制度、教員配置の考え方。これらをセットで捉えて、先生方の仕事は基本的には授業の質を高めることであることを前提に、先生方が発達支援やICTや理数系といったそれぞれの専門性を発揮しながら、子どもたちの個別最適な学びを教師として把握し、支援者として伴走しつつ、協働的な学びという学校の存在意義に関わる学びのコンダクターとしての力量を発揮する。そういう方向になっていくということを明確にしていく必要があると思っています。端的に申し上げれば、授業と子どもたちの学びに伴走し、共創する仕事に業務を集約していくことが基本的な方向かなと思っています」

教育DXと思考法

改めて合田さんの言葉で教育DXとは何かを聞きたいと思ったら、西山圭太《にしやまけいた》さんの『DXの思考法』(文藝春秋)の話になった。経産省出身の西山さんは企業向けにこの本を書いている。企業の幹部も、情報環境の整備を口にしがちだが、DXとは思考法だというのだ。

「DXの思考法とは、具体物を抽象化することによって分野や業界を超えて同じ構造を捉えて発想をすることだし、自分にはこれしか解がありませんではなくて、課題の側から他分野や他業種、他社の強みを活かしてでもソリューションを創り出すこと。『DXの思考法』で西山さんは、要するに経営者が思考法を変えるのがDXだと言っているわけですよね。私はまったくその通りだと思うし、それは結局、学校における学びそのものにほかならないと西山さんの本を読んだときに思ったわけです。その後、西山さんとずいぶん長く対話するなかで、西山さんもDXの思考法と学校教育に関心を持たれ、ブルームのタキソノミーといった議論に接することを通じ、日本の企業よりも学校のほうがＤＸの思考法と真正面から向かい合っているのではないかとおっしゃっています」

「もともと日本の教育にはＤＸの思考法に通ずる思考法があって、それをいままさに引き出しましょうというのが、私にとっての教育ＤＸ。大正自由教育にしても戦後新教育にしても、内発的な教師の探究的な学びに対する動機は素晴らしかったけれども、それが必ずしも十分にすべての子どもたちには届かなかった。昭和恐慌と戦争への道、あるいは工業化と高度経済成長といった時代背景や紙と鉛筆というメディアの限界故だと思います。それがいま、１人１台の情報端末で大きく環境が変わりつつある。子どもたちにはさまざまな認知の特性とか関心の違いもあるのに、ひたすら一斉授業でローラーをかけて知識の習得を高めていくというやり方は限界があるのだから、情報端末を使うことにより、子どもたちの特性や関心に応じた学びの可能性がみえてきた。ただそれは手段、技術の問題であって、最も大事なのは思考法です」

デジタル時代にこそ冷静な議論が必要

社会の大変革が教育にも大変革をもたらすのだということは、ＤＸという思考法をめぐる発言からもよくわかる。しかし、その意味がまだ社会に伝わっていない気がする。

ただ、合田さんからは「教育に関しては、インターネットビューが何万件になるとか、投書が山のように来るとかいった事態は必ずしもいいことだとは限りません。教育に高い関心が集まるときは、いいときばかりではないんですよ」という答えが返ってきた。その例として、「ゆとり教育」をめぐる議論や高校の未履修問題などをあげる。一方、自身が課長として担当した2017年の指導要領改訂をめぐっては、マスメディアとのキャッチボールのなかで、比較的冷静な形で議論が進んだとも振り返る。

「教育に新しいアイディアを吹き込もうと取り組んでいる方々、日本の子どもたちのために真剣に活動をしている皆さんと、コミュニケーションを図りながら政策を地道に形成していくこと、そのことをきちんと発信していくことが大事だと思います」

そう言って具体的にあげたのは、認定NPO法人カタリバの今村久美《いまむらくみ》代表、「島留学」の立役者の岩本悠《いわもとゆう》さん、株式会社COMPASSファウンダーで東明館中・高等学校長の神野元基《じんのげんき》さんなど、中教審の委員になっている「教育に関する新しいタイプの社会起業家」の面々だ。

一方で、筆者は政策の形成の仕方が、デジタル化の影響も受けて変わってきたという印象を持っている。そう話を向けると、「かつては文科省が都道府県教育委員会に通知を出し、場合によっては指導主事を集めて説明し、それが市町村教育委員会、校長会、そして学校にたどりつくまでに1ヵ月くらいかかった。いまは文科省のホームページに通知が出た時点で、（問題があれば）すぐに炎上です」という。

「SNSでつながっている学校の先生方の意見は、率直で、時に辛辣。それを見てすぐに担当者に連絡して、『言いたかったのこういうことだよね』『そうです』『だけど現場ではこういうふうに受けとめられているから、すぐ出し直すか、補足説明を出したほうがいいよ』というやりとりをして、実際そうなったりしています」

一方で、SNSのおかげで、経産省などとの関わりが増えたことや、前述の社会起業家たちとのコミュニケーションが太くなったとも言う。

「閣議決定されたデジタル原則の基本的な考え方を煎じ詰めていくと、行政もサプライサイドからデマンドサイドに重点を移していくということだと思います。いままでは文科省、都道府県教育委員会や私学中高連といったサプライサイドでものを考えていれば政策形成できたわけですが、今後はデマンドサイドに立っていく必要がある。デジタル庁はそのためのデジタル化をどう進めるのかという役所だし、こども家庭庁は霞が関において初めて、子どもというデマンドサイドに立って、子どもたちの尊厳とか、子どもたちの利益を守るための役所と位置づけられていますから、これから初等中等教育に関する政策形成過程は変わっていくと思います」

「ただ、これに近いことはいままでもある」として、官僚と政治家の関係を口にする。政治家はデマンドサイドの声を代弁して官僚に伝えてきたが、「政治家の背景にある市民の声と我々官僚が時に直接向かい合うという状況も増えている」とみる。

必要なのは大人の課題意識

せっかくの機会なので、学力問題と長年向き合ってきた合田さんに、日ごろの問題意識もぶつけてみた。大学生に「書く力」や「調べる力」が不足していることだ。

合田さんは、スマートフォンを通していまの子どもは我々の世代が子どもだったときよりも実はより多くの活字には接していることを話題にしたうえで、「フィルターバブルと言われるような現象だとか、同調圧力と言われる状況のなかで、まずは事実を正確に把握して公正に判断しなければならないとか、自分の言説に責任を持たなければならないとか、自分の言説に責任を持つがゆえに他人の言っていることもちゃんと理解をして、その対話によって合意形成しなければいけないとか、そういう意識そのものが弱くなる可能性には危惧を抱いている」「そういう意識がないと、何かを主体的に調べようという発想にはならないと思います」。

「語彙を確実に習得しましょうというのは今回の指導要領では強く言われているし、教科書もずいぶん変わりましたが、それ以上に、フィルターバブルの中で、意見の異なる他者の存在自体を知らないとか、知ったうえでもそういう人と話すのは本当に面倒くさいというのは我々大人も同じでしょう。すぐに『そうだそうだ』と共感できる情報や意見をいちいち検証するのは面倒くさいというのはわからないではないのですけど、それを積み上げた結果がトランプ大統領支持者による米国連邦議会議事堂襲撃事件など、世界を席巻しているポピュリズムや民主政の機能不全ではないでしょうか。これらのいま我々が直面している課題を自分ごととして捉えることが必要だと思います」

ここで合田さんが持ち出したのは太平洋戦争に至るプロセスを、軍人や政治家だけでなく庶民の日記も集めてキーワードを分析したNHKの番組だった。太平洋戦争の開戦直前まで「みんなアメリカは好きで、戦争なんてまっぴらだと思っていたのですが、短期間で変わっていく。当時の女学校出のお母さんや、丸山眞男《まるやままさお》が亜インテリと言った中間層の人たちは、本当に小さい手帳にびっしりと日記を書いていて、文章力も語彙も豊富で、知的で感性も豊かだったと痛感します。にもかかわらず、ごく短期間で反転してしまった様子が理解できました。赤ちゃんを産んだばかりで、この子をしっかりと育みたい、慈しみたいと言っていたお母さんが、この子はもっと強い子にならなきゃだめ、戦争に勝たなきゃだめといったように反転するわけです」

「そういうことは、いまの日本の状況でも起こるんじゃないかと思います。いまはもうみんな戦争なんてありえないと思っているかもしれないけど、何か偶発的な出来事で反転する可能性があるわけですよね。そういうことを自分ごとだと思うきっかけとして、学校の学びがあるのだと思います。一つ一つの教科で学んでいる内容が完成品になりすぎてオブラートに包まれすぎてるのですけど、学校での学びはいまを生きる自他の生存とか、この社会の在り方に関わっているんだということを子どもたちと共有しなければならないと思います」

そこで、ある県の高校教師の話を持ち出した。必ずしも勉強が好きという生徒ばかりではない高校で『人新生の「資本論」』（集英社）を教材にした国語の教師だ。

「大人でもあの本を読むのはすごい手間だと思うのですけど、先生自身が問題意識を持っていろいろ補助線をひいて材料を提供したら、子どもたちは自分ごととして捉えて、考えた。その生徒さんたちがこの本について書いてきた文章を読むと、相当しっかり考えていることがわかります。つまり我々大人自身が課題意識や問題意識を持ってないと、探究活動とか探究的な学びは成立しないのだとつくづく感じました」

次は逆の例だ。

「誰も言いませんが問題だなと思うのは中間層と呼ばれる子どもたちで、その子たちが授業中に当てられたり、悪目立ちしたりしないために、思考停止しておとなしくしていたほうが、身過ぎ世過ぎのためによいと思っていることが最大の課題じゃないかと思っています」。ある高校で探究的な学びのコーディネーターをやってる女性から聞いた話だ。

「そういう生徒は授業中おとなしくしているのでありがたいと思っている先生とこういった生徒が共依存になっていて、だけど本当はその子たちも憤りとか不満とか怒りとか問題意識を持っているので、それを引き出すのが探究的な学びだと思っているんだ、とおっしゃっていて、その通りだと思いました」

「だから若い人が書く力がない、調べる力がないというのは、彼らや彼女たちが持ってる問題意識を、我々大人が引き出してなかった。引き出さなくておとなしくしているほうが楽だと思わせた責任は、我々にあるのではないかと思います」

最後にEducationの語源である「引き出す」話になった。

「私もここ数年、ずいぶん変わったなと思います。昔はとにかく〝「ゆとり教育」バスターズ〟でなんとか地に落ちた教育課程行政への信頼を回復させてなくてはという思いで走ってきたのですけれど、初中局から離れて客観的に見られるようになった。今村久美さんのほか、認定NPO法人Learning for Allの李炯植《リヒョンシギ》代表といった社会起業家の方々とここ数年お付き合いさせていただくようになって、やはりそこはずいぶん認識が変わりましたね」

約20年間、合田さんと接してきて、筆者も確かに合田さんが変わったなと思うインタビューとなった。

新学習指導要領と主体的学び

2015年1月号

新テストの実施時期明記

文部科学省が、2020年度からの本格実施を目指す新しい学習指導要領の改訂について2014年11月、中央教育審議会に❶諮問した。教育再生実行会議の提言を受けた❷中教審の答申、あるいは、文科省に設けた会議の報告などで、道徳の「特別の教科」化や小学校における英語教育の引き下げなどは、すでに方向性が決まっている。残された注目点は、高校のカリキュラム改革であり、諮問文から引くなら「課題の発見と解決に向けて主体的・協働的に学ぶ学習（いわゆる「アクティブ・ラーニング」）」をどうやって充実させるかということになるだろう。

諮問がなされた同じ日の中教審の総会で、「新しい時代にふさわしい高大接続の実現に向けた高等学校教育、大学教育、大学入学者選抜の一体的改革につ

❶「初等中等教育における教育課程の基準等の在り方について」。

❷「道徳に係る教育課程の改善等について」（2014年10月）。

いて」の答申案が示された。この答申に、学習指導要領改訂の諮問を先取りした記述が組み込まれていることにまず目を向けたい。

一体的改革はまず、すべての高校生が共通に身につけるべき学力を測る❸「高等学校基礎学力テスト」と、センター試験を廃止する形の「大学入学希望者学力評価テスト」（いずれも仮称）を導入する。これまで、前者は達成度テスト（基礎レベル）、後者は達成度テスト（発展レベル）と呼ばれてきたものだ。

前者は高校の必履修科目、後者は教科型だけでなく、現行の教科・科目の枠を超えた「思考力・判断力・表現力」を評価する。「合教科・科目型」「総合型」の問題との組み合わせを想定し、将来は「合教科・科目型」「総合型」のみを目指す。前者は2019年度から、後者は2020年度から段階的に実施すると明記した。

❸改革はその後迷走したが、「高等学校基礎学力テスト」は「高校生のための学びの基礎診断」として2019年度から制度が開始されている。「大学入学希望者学力評価テスト」は「大学入学共通テスト」として2021年度大学入学者選抜から実施されている。

「飛躍的充実」を求めて

一体的改革の実現に半信半疑だった教育関係者も多かったと思うが、答申がまとまる方向になったことで、抜本的な入試改革が近い将来行われる可能性が高くなった。「入試が変われば教育が変わる」と言われるが、まさに、入試と大学・高校の改革が同時進行することになる。

一体的改革であるだけに、答申案は、大学や高校の教育内容や学習・指導方法の見直しも求めている。高校教育の項では、「言語活動の積極的な導入をはじめ、生徒が受け身でなく主体的・協働的に学ぶこと」を促し、「『何を教えるか』ではなく『どのような力を身に付けるか』の観点」に立つことを強調する。また、「思考力・判断力・表現力」を育成するための主体的・協働的な学習方法や指導方法については、「飛躍的充実」という表現まで使っている。

さらに、「大学の卒業論文のような課題探究を行う『総合的な学習の時間』[4]の一層の充実に向けた見直し」も図ろうとしている。

新教科・科目と能動的学習

答申案を引き取る形となった学習指導要領の改訂についての諮問は、グローバル社会に対応した英語の充実はもちろん、高校での新しい教科・科目の検討も大きな課題として示している。

「国家及び社会の責任ある形成者となるための教養と行動規範や、主体的に社会に参画し自立して社会生活を営むために必要な力を、実践的に身に付けるための新たな科目等」と言っているのは、自民党が「公共」[5]と呼ぶ科目を意識したものでもある。

[4] 新高等学校学習指導要領では「総合的な探究の時間」となった。

[5] この名称のまま、新高等学校学習指導要領で新しい必修科目として位置づけられた。

「より高度な思考力・判断力・表現力等を育成するための新たな教科・科目」は、たとえば「先端科学」といった科目を想定し、より探究的な科目が前提とされているようだ。

また、日本史の必修化も絡み、地理・歴史科の再編の行方も気になる。日本学術会議は、世界史と統合した「❻歴史基礎」といった科目の新設を提言している。暗記中心ではなく、近現代史に重点を置いた能動的学習でないと、「社会に主体的に参画する国民」を増やすのはむずかしい。

課題解決学習の意味

筆者は最近、能動的な学習に関連する教育現場を、できるだけ見て回るようにしている。

中教審の安西《あんざい》祐《ゆう》一郎《いちろう》会長自身が理事長を務める社団法人「Future Skills Project研究会」は、この4年間、産学連携で大学生に主体的な学びを体験させる講座を提供してきた。企業の示す課題の解決策について考えることで、当初は主体的に動けなかった学生の変化が、はっきりと見て取れるようだ。

学習環境も変わりつつある。❼大学図書館におけるアクティブ・ラーニング・スペースは、2013年度の学術情報基盤実態調査で306校と、前年度の

❻「歴史総合」という新必修科目が新設されている。

❼2020年度調査では557校、2021年度調査では799館とさらに増加している。

226校から35%も増えている。問題は、❽こうしたスペースをどうやって使いこなすかということである。

ベネッセ教育総合研究所が2013年に実施した調査では、「入学者に、与えられた課題だけでなく主体的に学ぶ力が備わっている」と答えた大学の学科長クラスは43・6%にとどまっていた。

高校の現場はどうか。ICTの普及は進んでいるだろう。ベネッセの同じ調査で、高校の校長の8割以上が、「ディスカッションやグループワークなど、講義以外の授業方法をもっと取り入れたほうがよい」「いま以上に探究的な活動を充実させたほうがよい」と考えている。

高校生が、地域社会の課題を発見し、解決策を提案するような能動的な学習を評価する取組も、最近、増えている。東日本大震災も契機となっているようだ。取り組んでいる学校は、有力大学への進学率が高い高校ばかりではない。

義務教育はどうだろう。制度化される小中一貫教育学校なら、郷土教育と結びつける形で課題解決学習をすることで、地域創生とつなげていけるのではないか。

こんなふうに考えていくと、機は熟しつつあるのかもしれない。

❽筆者が教鞭をとる玉川大学でも2015年に「ラーニング・コモンズ」ができ、学生たちが積極的に利用してきた。ポストコロナで改めて活用が期待されている。

社会の変化と課題発見能力

そうした点で、今回の諮問文の冒頭にも注目しておきたい。

「生産年齢人口の減少、グローバル化の進展や絶え間ない技術革新等により、社会構造や雇用環境が大きく変化し、子供たちが就くことになる職業の在り方についても、現在とは様変わりすることになるだろうと指摘されている」というくだりだ。この指摘とは、「2011年に米国の小学校に入学した子どもの65％は、大学卒業時に、いまは存在していない職業に就くだろう」というデューク大学の研究者の予測である。

最近、この予測が頻繁に引用されているのは、多くの人が、職業を巡る環境の劇的な変化を実感しているからだろう。だからこそ、課題を「発見」し、「解決」する力が求められているのである。

筆者もこの能力が非常に重要だと考える。一方で、その思いが上滑りし、基礎的な知識不足が蔓延することは避けなければいけない。⑨主体的・協働的な学習をさせる教師の力量は、これまで以上に重要になることは間違いない。

⑨2017・2018年告示の現行学習指導要領では「主体的・対話的で深い学び」と示されている。

動き出した新学習指導要領の議論

2015年4月号

大学教育との関係

国の審議会の委員が、どれだけ政策に影響を及ぼせるのか。❶自分が委員を務めていてもよくわからないものだが、「ここは譲れない」と委員がこだわりを見せれば、軽々しく扱われることはない。それだけに、文部科学省の人事とともに、委員の人選を見れば、審議会の議論の方向性はある程度見通すことができる。

❷次の新しい学習指導要領を議論する中央教育審議会の教育課程企画特別部会は、1月から議論を始め、2月には2回目の会議を開いた。

部会のスタートに合わせ、文科省は、学習指導要領策定の責任者である教育課程課長に合田哲雄《ごうだてつお》氏を起用した。合田氏は❸前回の学習指導要領作りにも、教育課程課長の部下となる教育課程企画室長として関わっている。

❶筆者は2011年4月から2018年6月まで、中央教育審議会・教員養成部会の臨時委員を務めていた。

❷2017年告示の現行学習指導要領。

❸2008年告示の旧学習指導要領。

アクティブ・ラーニング（ＡＬ）が次の学習指導要領のキーワードだと、文科省幹部も発言しているが、この人事を見ても、ＡＬは、❸現行の学習指導要領が強調する「言語活動の充実」や「習得・活用・探究」の延長線上にあると考えていい。

合田氏は、大学教育の質的転換を促した２０１２年の❹中教審答申にも関わっている。この答申は「知識の伝達・注入を中心とした授業から、……学生が主体的に問題を発見し解を見いだしていく能動的学修（アクティブ・ラーニング）への転換が必要」とＡＬの重要性を明確に打ち出している。文科省が高校と大学の接続を根本から見直そうとしているなか、学習指導要領の見直しも、大学教育の見直しと同じ流れのなかにあると考えるのが自然だろう。

「協調学習」という進化形

そもそも、ＡＬとは何か。

前述の大学教育の質的転換答申では、グループ・ディスカッションやディベート、グループ・ワーク、演習、実験、実習、実技、発見学習、問題解決学習、体験学習、調査学習といった学習形態や学習方法を例示している。

一方、今回の学習指導要領に関する諮問では、ＡＬを「課題の発見と解決に

❹「新たな未来を築くための大学教育の質的転換に向けて～生涯学び続け、主体的に考える力を育成する大学へ～」。

向けて主体的・協働的に学ぶ学習」と表現する。「主体的」とともに「協働的」を併記した点に注目したい。

諮問はＡＬを検討するうえで、「多様な他者と協働しながら創造的に生きていくために必要な資質・能力」の捉え方や、「多様性を尊重する態度、他者と協働するためのリーダーシップやチームワーク、コミュニケーションの能力」との関係、といった視点をあげている。

部会の27人の委員の顔ぶれを見わたすと、ＡＬの一つの学習形態である「協調学習」の研究者と実践者が両方入っていることに気づく。東大教授の❺三宅《みやけ》なほみ氏と、埼玉県教育委員会高校教育指導課の主幹兼主任指導主事の清水雅《しみずまさ》己《み》氏である。

「協調」はcollaborativeの訳。「協調学習」は、複数の学習者が意見を交わし、協力し合いながら解を導く学習形態を指す。「班単位で話し合って発表するようなことは昔からやってきた」と言われればそのとおりだが、協調学習は、班活動を進化させたものと見ていいのではないか。

三宅氏が実質的な責任者を務める「大学発教育支援コンソーシアム推進機構」（ＣｏＲＥＦ《コレフ》）が協調学習の手法の一つとして、埼玉県内の高校等で取り組んでいるのが「ジグソー法」だ。筆者は、5年ほど前に中学校で授業を参観している。テーマは「雲の成り立ち」だった。生徒は、教師が用意した三つの資

❺この原稿執筆直後の2015年5月に亡くなった。

料を、グループに分かれて一つずつ読んだ後、別のグループに行って説明役になった。知識を交換することでテーマ全体を理解させようとしたのだった。

このときは、まだ試行錯誤の段階だったが、第2回特別部会における清水氏らの報告では、高校での学習のための資料もかなり蓄積され、進学校ほど熱心に取り組んでいるとのことだった。

ちなみに、この日は、他の委員から小中学校でのAL的実践についても報告がなされた。総合的な学習で名高い新潟県上越市立大手町小学校の報告があったことも特記したい。❸現行の学習指導要領で時間は減ったが、文科省が総合的な学習の時間を重視している表れだろう。ALに取り組むには、総合的な学習の時間の使い方がこれまで以上に重要だ。

グローバル、社会科再編……

今回の部会には、他にも特徴的な委員がいる。

米国出身の日本文学研究者で、テレビでもおなじみのロバート・キャンベル氏と、日系2世の起業家で、日本政府の国家戦略会議にも関わった齋藤《さいとう》ウィリアム浩幸《ひろゆき》氏が入ったのも異色だ。グローバルな視点からの発言を期待しての人選だと思う。

地理歴史科、公民科の再編が大きなテーマとなるなか、日本学術会議の提言をまとめた油井大三郎《ゆいだいざぶろう》・東京女子大学特任教授も委員となった。提言では、考えさせる授業とともに、世界史と日本史を統合して近現代史の基礎を学ぶ新科目「❻歴史基礎」などの創設を求めている。

NPO法人「カタリバ」の代表、今村久美《いまむらくみ》氏も新委員だ。最近は東日本大震災の被災地での学習支援で実績をあげているが、高校生向けのキャリア教育が活動の原点である。教育長出身の京都市長、門川大作《かどかわだいさく》氏と、「探究科」で有名になった元京都市立堀川高校長、荒瀬克己《あらせかつみ》氏（大谷大教授）の2人の〈京都学派〉、「教えて考えさせる授業」を提唱する市川伸一《いちかわしんいち》・東大教授も健在だ。民間出身の横浜市立中学校長、平川理恵《ひらかわりえ》氏の発言もおもしろい。

補佐官というキーマン

さて、委員ではないが、もう一人、鈴木寛《すずきひろし》氏というキーマンがいる。慶大時代の今村氏の恩師でもある。

民主党政権で2年間、文科副大臣を務めたが、参院選で落選した後に民主党を離れた。その後、教育政策に精通しているとして昨年10月、下村博文《しもむらはくぶん》文科相に請われて文科省の参与に就いた。これ自体が異例だったが、この2月には、

❻2018年告示の新高等学校学習指導要領で「歴史総合」という新必修科目が新設された。

新設ポストの❼大臣補佐官に就任した。新学習指導要領の策定は補佐官の特命の一つだという。

2回目の部会に出席した鈴木氏は、今回の改訂について、単に次の学習指導要領を策定するということではなく、「『昭和33年の原点に立ち返って再構成、再構築したい』と大臣から言われている」と発言した。

昭和33年は、戦後の教育課程を巡る法体系が整備された時期だ。この年の教育課程審議会（当時）答申を元にした学習指導要領では、道徳の時間が新設され、教科の系統性が重視され、理数教育が強化された。

下村文科相自身が繰り返し戦後教育の大胆な改革だと強調しているが、文科省は鈴木氏を通して、改めて意気込みを示したと言えるだろう。第2回部会では、主査になった羽入佐和子《はにゅうさわこ》・お茶の水女子大学長が「それこそ、議論はアクティブに」と促す場面もあった。議論がアクティブになっていないという意味ではないが、とかく審議会は言い放しということが多い。オープンな場で、実のある議論を期待したい。

❼2018年10月まで3年余り務めた。

新学習指導要領の問いかけ

2017年3月号

どう伝えるのか

次の小中学校学習指導要領と幼稚園教育要領が近く、文部科学省から告示される。そのもとになった2016年12月の中央教育審議会答申「幼稚園、小学校、中学校、高等学校及び特別支援学校の学習指導要領等の改善及び必要な方策等について」は、本文だけでも250ページ近い。別添資料や補足資料を加えると本何冊分かに相当する。それだけに、「これを全部読めというのか」と反発する現場の教員は少なくないだろう。

だが、まず大事なのは理念だ。概要を読むのもいいが、補足資料をまず見て、別添資料に目を通した後、本文に当たることをお奨めしたい。

文科省の担当者は2015年夏、中教審教育課程特別部会の「論点整理」がまとまった段階から、文科省のホームページ上で、担当者が直接語る映像での

❶文科省は学習指導要領のポータルサイトの開設や「ポイントがわかるリーフレット」などの作成を通して周知に努めている。

情報発信にも取り組んできた。❶この内容をいかに現場まで伝えるのか、これまで以上に知恵を絞る必要がある。アクティブ・ラーニングの重要性を強調した答申を、一般的な行政説明のように一方的に伝えるだけでは済まないはずだ。

学びの質を変えられるか

補足資料には、学習指導要領改訂の方向性として、「何ができるようになるか」「何を学ぶか」「どのように学ぶか」という三つの柱が示されている。その柱を三角形に並べた❷ポンチ絵の頂点にあるのは、「何ができるようになるか」である。そこには、「よりよい学校教育を通じてよりよい社会を創るという目標を共有し、社会と連携・協働しながら、未来の創り手となるために必要な資質・能力を育む」とあって、そのために、「社会に開かれた教育課程」の実現が必要なのだと記す。

そして、「どのように学ぶか」にアクティブ・ラーニングの視点が入る。「何を学ぶか」が中心だったこれまでの学習指導要領を、大きく転換させようとしていることがわかる。「何ができるようになるか」という観点から、❸評価も考えることになる。

「何ができるようになるか」「どのように学ぶか」を柱に立てる示し方は、大

❷

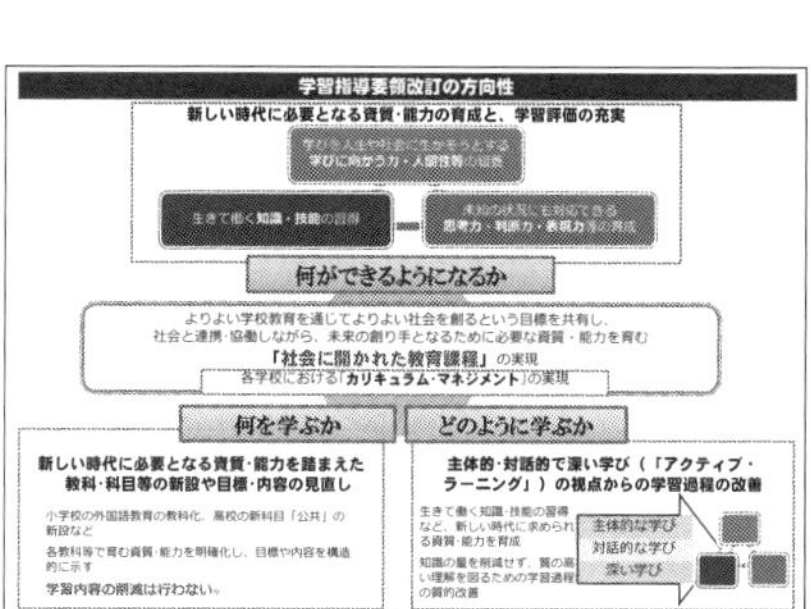

❸新学習指導要領で示された育成を目指す資質・能力に基づいて、観点別学習状況の評価の観点も「知識・技能」「思考・判断・表現」「主体的に学習に取り組む態度」に変更された。

学教育改革で先行している。中教審が２００８年にまとめた「学士課程教育の構築に向けて」と、２０１２年にまとめた「新たな未来を築くための大学教育の質的転換に向けて」という二つの答申である。

どのように社会と関わるか

今回の答申の補足資料にある「育成を目指す資質・能力の三つの柱」という、もう一つの❹ポンチ絵を見てみよう。学校教育法30条に記された学力の3要素（①基礎的・基本的な知識・技能、②知識・技能を活用して課題を解決するために必要な思考力・判断力・表現力等、③主体的に学習に取り組む態度）を、やはり三角形で並べている。「何を理解しているか・何ができるか」（知識・技能）、「理解していること・できることをどう使うか」（思考力・判断力・表現力等）、「どのように社会・世界と関わり、よりよい人生を送るか」（学びに向かう力、人間性等）のなかで、頂点に記したのは、「どのように社会・世界と関わり、よりよい人生を送るか」である。

二つのポンチ絵から学習指導要領のゴールがわかる。社会に出たときのために「何ができるようになるか」であり、「どのように社会・世界と関わり、よりよい人生を送るか」を考えられるようになることである。改めて考えれば当

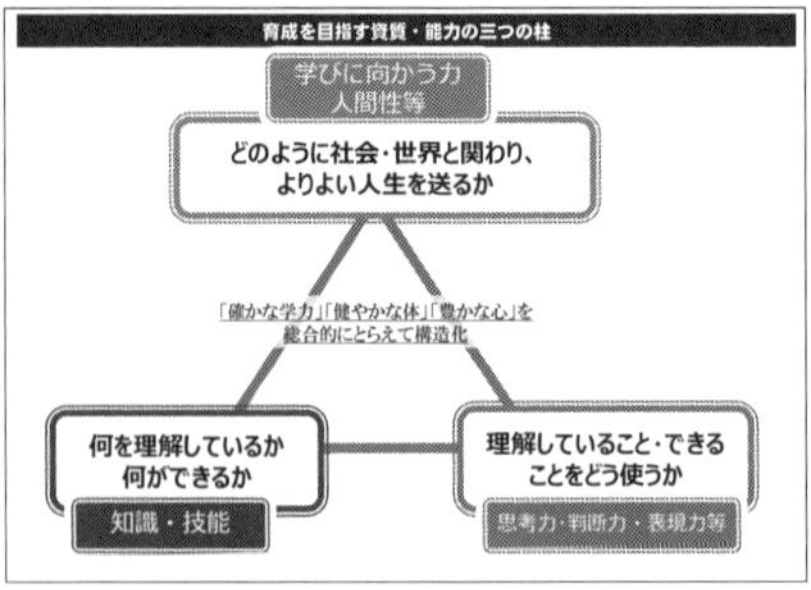

❹

然のことなのだが、教科の内容が先にあるのではなく、出口からさかのぼって教育課程を考えようという発想に立っているのである。

だから、今回の答申のキーワードである「社会に開かれた教育課程」は、「これからの教育課程の理念」として、以下のように説明されている。

①社会や世界の状況を幅広く視野に入れ、よりよい学校教育を通じてよりよい社会を創るという目標を持ち、教育課程を介してその目標を社会と共有していくこと。

②これからの社会を創り出していく子供たちが、社会や世界に向き合い関わり合い、自らの人生を切り拓《ひら》いていくために求められる資質・能力とは何かを、教育課程において明確化し育んでいくこと。

③教育課程の実施に当たって、地域の人的・物的資源を活用したり、放課後や土曜日等を活用した社会教育との連携を図ったりし、学校教育を学校内に閉じずに、その目指すところを社会と共有・連携しながら実現させること。

「これからの社会」とは、今回の答申で、「2030年の社会と子供たちの未来」の部分に書かれた予測困難な社会である。「いまの子供たちが大人になったときには3分の2がいまは存在しない仕事に就く」「近い将来、労働人口の半分は、ロボットや人工知能にとって替わられる」という予測を知れば、「いまのままの教育は大量の失業者を生む」という文科省の鈴木寛《すずきひろし》・大臣補佐官の発言も納得がいく。

いかに頭が活性化しているか

こうした教育課程を実のあるものにする方法が、アクティブ・ラーニングである。この言葉が先行してしまったことを心配して、答申では横文字はかっこの中に収め、「主体的・対話的で深い学び」という表現を使った。「形式的に対話型を取り入れた授業や特定の指導の型を目指した技術の改善にとどまるものではなく」とクギもさしている。

アクティブ・ラーニングは、あくまで手段であって目的ではないから、やればいいというものではないのは当然だろう。子どもたちの頭がいかに活性化しているか、がカギを握ると表現する人もいる。

いかに業務を適正化するか

答申には、こうした学習指導要領等の理念を実現するために必要な方策という項もある。筆者がまず注目したのは、❺部活動での休養日の設定の徹底をはじめとした業務の適正化である。小学校での英語の教科化をはじめ、カリキュ

❺2018年に運動部・文化部部活動における適切な休養日（週2日以上）と活動時間（平日2時間・週休日等3時間）の基準を示したガイドラインが策定されている。

ラムがより過密になりかねない今回の改革が、教員の多忙感をさらに深めるようでは、理念の実現はむずかしい。

その点で、やはり答申のキーワードである「❻カリキュラム・マネジメント」をすべての教員が意識する必要がある。「授業研究の対象が一回一回の授業における指導方法という狭い範囲にとどまりがち」「単元や題材のまとまりを見通した指導の在り方や、教科等横断的な視点から内容や教材の改善を図っていく視点が弱い」といった指摘もうなずける。教員の研修を、より意義あるものにするために、アクティブ・ラーニング型に見直すことも重要だろう。

❻キーワードで示すと、①教科等横断的②PDCA③人的物的体制がポイントになる。

まず「総則」に注目

これらの視点に立って、答申第2部の「各学校段階、各教科等における改訂の具体的な方向性」の記述を読み進めると、答申が、社会との関わりを強く意識していることがよくわかると思う。

この号が発行されるころには、次の学習指導要領案が公になっているはずだ。答申が示した理念や基本的な考え方は「総則」に盛り込まれる。「今回の学習指導要領は総則から読め」と言われるゆえんである。

授業時数を巡る騒動の読み方

2019年6月号

全国の教育委員会に向けて文部科学省が出した3月29日付の通知が騒動となった。公立の小中学校等を対象にした「教育課程の編成・実施状況調査」の結果を受けて、働き方改革の点から出した授業時数を巡る通知である。騒動になった責任の一端は報道機関にもある。

新学習指導要領先取りの時数

通知はまず、2017年度の実績について、多くの公立小中学校などで標準授業時数を超えて授業を実施していることが明らかになったと述べている。そのうえで「各学校の指導体制を整えないまま標準授業時数を大きく上回った授業時数を実施することは教師の負担増加に直結する」として、❶働き方改革に十分配慮するよう求めた。

❶この通知の前に「働き方改革答申」、同月に「働き方改革通知」が発出されている。

これだけならありきたりの内容だったが、通知はこの後、2018年度の計画について、小学5年生で1086単位時間以上の学校が25・7%もあったというデータを例示。今年度以降の年間授業計画などについて「今一度精査し、必要な場合には、授業時数の見直しなどの措置をできるだけ早い段階で講じること」を求めたのである。

小学校の場合、今年度までの2年間は新しい学習指導要領の移行措置期間だ。2017年度までの5年生の標準授業時数は980単位時間だったが、移行措置期間は15をプラスした995単位時間になっている。そして新学習指導要領が小学校で完全実施される2020年度には、標準授業時数が1015単位時間まで増える。つまり、4分の1の学校は、すでに新学習指導要領を先取りして、その標準をさらに上回る時間を設定していたことになる。

例示を「上限」と解釈

1086単位時間以上というのは、中央教育審議会が1月にまとめた答申「新しい時代の教育に向けた持続可能な学校指導・運営体制の構築のための学校における働き方改革に関する総合的な方策について」の脚注に出ており、通知はこれを引用した。

答申本文の該当部分は、「標準授業時数をどの程度上回って教育課程を編成するかについては、校長や各学校の設置者の判断に委ねられている」が、それは「児童や地域の実態に十分に考慮して、児童の負担過重にならない限度で」という条件付き。標準を大きく上回れば教師の負担に直結するからやるべきではないという内容だ。ちなみに、児童への過重な負担を避ける表現は、学習指導要領解説総則編にもある。

答申では、この「限度」の部分の脚注に、２０１５年度で標準授業時数の９８０コマより週換算で３コマ多い１０８６コマ以上の計画をしている学校が20・１％存在するというデータが示されている。

これを引用したのだから、通知も「限度」の例示でしかないはずだ。しかし、3月30日付けの読売新聞に「小学授業時間に上限」という見出しの記事が出た。記事本文では「上限の目安」と表現しているが、記者は事実上の上限と受けとめたのだろう。4月2日の柴山昌彦《しばやままさひこ》文科大臣の記者会見でも、『仕事が減らない中で上限を設定されても』という声が現場から上がっている」という質問が出た。

冷静に考えれば、小学5年生だけの例示が「上限」になるわけがないが、この数日間で「上限」という言葉が独り歩きをし始めたようだ。

通知を出したタイミングも悪かった。新しい年度が始まる直前だったからだ。

4月2日の大臣会見でも、柴山氏が「必要な場合には、年度途中であっても、是非、授業時数の見直し等を行っていただきたい」「年度途中でもできるだけ早い段階で講じていただけるように」と繰り返したことが、結果として拍車をかけた。

問い合わせが相次いだ結果、文科省は4月10日、通知に対する「補足説明」を発表する。そのなかで、新年度の年間授業計画について「直ちに修正を求める趣旨ではありません」、数値は「上限を意味するものではありません」と明確に否定した。柴山大臣自身も、4月12日の会見で改めて釈明せざるを得なくなった。

働き方改革と両立求める

この補足説明では、働き方改革と両立させる観点から「放課後の補充指導等の全員が参加する授業以外による方法の検討や、学級閉鎖等の場合における家庭での学習課題を適切に課すなどの方法の検討」も例示している。

また、最初の通知で、❷災害や流行性疾患による学級閉鎖等の不測の事態で授業時数を下回っても、「下回ったことだけで学校教育法施行規則に違反にはならず、不測の事態に備えることのみを過剰に意識して標準授業時数を大幅に

❷新型コロナ禍における通知では「学校教育法施行規則に定める標準授業時数を踏まえて編成した教育課程の授業時数を下回ったことのみをもって、学校教育法施行規則に反するものとはされない」と示された。

上回って教育課程を編成する必要はない」ともクギをさしており、補足説明も再度強調した。

厳密に言うと、移行期間中は標準授業時数が995単位時間だから、本来、答申のように980単位時間と比べることも不自然だ。要は、授業時数が増え続けるなかで、文科省は子どもと教員双方の負担が過重にならないよう求めただけなのである。

〈ゆとり〉の時代と比べる

この問題を少し長い目で見てみよう。さかのぼると、2003年度の調査で、その前年の実績を文科省のホームページで確認できる。2002年度は、いわゆる〈ゆとり教育〉が最も進んだ学習指導要領が小中学校で同時に実施された。学校週5日制が完全実施された年でもある。

今回問題になった小学5年生を例にとると、年間総授業時数が945時間という標準授業時数と同じ学校は10・7％。下回る学校が1・7％だけあるが、大半は〈標準〉を上回っている。しかも、52・5％は976時間以上と答えていて最も多い。

このころ文科省を取材した筆者は、「過半数が976時間以上なら、その内訳を調べる必要があるのではないか」と質問したが、担当者からは、〈標準〉を大きく上回っているのだから、それ以上調べる必要はないという答えが返ってきたと記憶している。時代は変われば変わるものである。

逆に言うと、当時は、975時間以下の学校が半数近かったということでもある。その後の❸学習指導要領の一部改正で、学習指導要領は「基準性をより明確にした」というわかりにくい表現で、最低基準だと強調されるようになった。

これに対し、2018年度調査による2017年度実績では、標準授業時数の980単位時間以下は6・2%しかない。全国平均で1040・2単位時間だ。いわゆる〈脱ゆとり〉が進んだ結果だから当然という見方もあるだろう。

しかし、ほぼ4分の1の学校が何らかの❹土曜授業を実施するようになったとはいえ、学校週5日制は維持されているという建前のもと、これだけ授業時数が増えているというのは驚きでもある。

さらに2018年度の計画では、全国平均で1061単位時間になる。〈標準〉の意味を、改めて考えるときに来ているのではないか。

❸「学力低下論争」の高まりなどを受けて2003年に学習指導要領の一部改正が行われた。

❹2013年の学校教育法施行規則の一部改正により、土曜授業の実施が可能となった(61条)。

「働き方改革」のインフルエンサー

妹尾昌俊さん（教育研究家）に聞く――

「教育研究家」という肩書が通用するのはこの人以外にはあまり知らない。大手コンサルタント会社から子育て中に脱サラして教育問題に関わるようになったという経歴を持つ。文部科学省の政策に対して在野から直球勝負の指摘をし続けた結果、学校の働き方改革を推進するうえで欠かせない存在になっている。そんなインフルエンサーとともに、さまざまな教員の働き方について話し合ってみた。

せのお・まさとし●1979年生まれ。一般社団法人ライフ&ワーク代表理事。野村総合研究所を経て2016年から独立。全国各地の教育現場を訪れて講演、研修、コンサルティングなどを手がけている。中央教育審議会「学校における働き方改革特別部会」など国・自治体の委員も多数経験。『こうすれば、学校は変わる！「忙しいのは当たり前」への挑戦』（教育開発研究所）など著書多数。

働き方改革には時間がかかる

最初に文科省が委嘱した「学校業務改善アドバイザー」の仕事を話題にした。文科省を介して教育委員会や学校に足を運び助言をする役割で、妹尾さんもその一人だった。その役目自体はまだ終わっていないはずだし、現に要望もあるというが、文科省が予算化したアドバイザー派遣事業はすでに過去のものになっている。ただ、都道府県単位で似たような仕組みができている自治体もあるという。妹尾さん自身、その後も教育委員会の研修や講演会の講師依頼が全国から後を絶たない。もっともコロナ禍でオンラインでの講演も多い。中央教育審議会が「働き方改革」の答申を出してすでに3年以上。現場の「熱量」はどうなのか。

「研修がないようなところが深刻だと思っています。また、研修しておしまいというところも多い。限られた経験値ですが、全然まだまだかなと。長年の慣習や働き方を変えるのに、1回や2回研修を受けてそれで変わるほど簡単な世界じゃないですよね」

「通知表の所見をやめた」「留守番電話を設置した」といった、ある程度すぐに効果が出るものもあるが、「部活動の問題や、先生たちの採点や添削が丁寧すぎることや、授業準備を遅くまでやらないと不安だという若手の先生が多いだとか、じわじわ取り組んでいかないといけないことも多い」。業務改善はマラソンのように中長期的な取組が必要で、講演会や研修会はきっかけの一つだという。

ただ、学校には緊急対応すべきことが多すぎて、業務改善を阻んでいるという。「〇〇ちゃんが教室を飛び出しましたとか、いじめの問題とか、保護者からクレーム来ましたとか。次の行事どうしましょうかとか、今日の丸つけ、明日の授業をどうしようかというふうに、学校はどうしても目の前のことに集中しがち」

その結果、中長期的な問題が後回しになりがちになるのが非常にむずかしい点だという。

教育委員会の多忙問題

筆者が以前から訴えてきたことの一つに、企業がCIO（最高情報責任者）を置くように、働き方改革の責任者を明確にするポジションを置いたらどうかということがある。責任者だから、改革が進まなかったら、責任を問われることになる。

妹尾さんは「考え方としては確かにありうる」という。たとえば教育委員会ナンバー2の教育監が責任者のような自治体もあるというが、「文部科学省にしろ、教育委員会にしろ、業務改善は縦割りではできない。教職員課長が担当となって、他の部署に働きかけたりする自治体は多いですが、他の課長と対等な立場なので、確かにCIOや特命大臣みたいな職を置いた方がいいかなとは思います」。

ただ教育委員会自体の業務改善という大きな問題があると指摘する。確かに、事務仕事が多すぎて学校を十分に回れない指導主事の問題はすぐに思い浮かぶ。つまり、「教育委員会の職員も忙しい。忙しい人たちが忙しい人に何とかしろと言っている」。また、教育委員会がいくら頑張っても、笛吹けども踊らずになることも心配だという。

「各学校で判断しないといけないこともすごく多い。最後は校長が責任者なので」

校長の責任とボトムアップ

では校長はどうあるべきか。

「学校だけで頑張れと言いたくはないんですが、やはり校長の裁量権限でできることが多いのも確か。行事の見直しは教育課程の編成の一部なので校長の判断で完全にできることだし、子どもの登下校の時間が教員の勤務時間からはみ出しているという問題も、基本的に各学校で判断できます」。実際、知人の校長が子どもの登校は朝8時半以降にさせてくださいと何度も保護者に呼びかけて実現した学校があるという。

部活動の改革も学校の裁量でできるわけだが、「もちろん、自由にできるといってもクレームも来るし、議員や首長を巻き込んだ話になったりもするので、校長だけが矢面に立てと言いたくはないですが、権限上は校長ができる部分は多い」。肝心なのは校長自身がその点をちゃんと認識しているか、そこに本腰入れて取り組もうとしているかどうかが問われる、という妹尾さんの主張に共感する。

では、校長になる時点で、どうするかを考えさせる手はあるだろう。

「もちろん登用のときなり、校長になった後の評価なりで、働き方改革が進んでいるかどうかを見るのは一案だと思います。ただこれも間違えると副作用の方が大きくなりますね。当初から予想されたことですが、（２０２０年に文科省が示した指針の）超過勤務の目安の月45時間に抑えること自体が目的化するんですよね、学校って」

タイムカードの打刻をしてから仕事する教員を管理職が黙認する、あるいは勤務時間を過少申告させる、休日に出勤しても打刻をしないといった例は、確かに少なからずあるだろう。妹尾さんは、ある県の教職員組合が実施したアンケートで、40％を超える教員が「在校等時間を正しく記録しなかったことがある」と回答したデータも示した。

つまり「在校等時間が、減ったかどうか、多いかどうかだけで校長を評価すると、それがより目的化してプレッシャーになるので僕はお奨めしないですね。業務改善に校長がリーダーシップを発揮していると思うかを評価するならいいと思います。結果よりプロセスが大事です」

話題は評価というものに対する教育界の捉え方に及んだ。教育には数値だけでは現れないことも多いと言われるが、政策的にはわかりやすい数値が求められる傾向が強まっている。

「『測りすぎ』（みすず書房）という本が翻訳されましたけど、限られたデータや指標だけでみると評価が歪んでいく。いろんな世界で失敗例があるのに、日本の教育行政は相変わらず数値化されたものを重視しようとする。もちろん数値も大事ですけど、数値では捉えきれないものも同時に考えていかないと評価が歪んでいくというのが、とくに教育は大きいと思う。校長評価はそういう意味で大きな問題をはらんでいます」

働き方改革は、どう対策をとっても長短があるような気がしてくる。そこで妹尾さんが提案したのは、「ワーク・ライフバランス」の小室《こむろ》淑恵《よしえ》さんからよく耳にした企業の働き方改革の話だ。地道にボトムアップで改善をしていくという手法である。

「教職員が校内研修などで話し合って、こんな改善ができるんじゃないか、もっと変えられるよね、もっと簡単にしてみようっていうアイデアを出して動かすということを確実にやっていかないといけないと思っています」

会議の見直しやペーパーレス化、ノー残業デーの設定など、誰もが反対しない無難なことはどこもやっているという。問題は、反対が起こりそうなことにもメスを入れていかざるを得ないという点だという。妹尾さんは「欲張りな学校をやめる」という言い方もしている。働き方改革のハードルは何か。

「中教審の議論でも学校の業務を減らすとなると、いろいろなクレームや不安が来るので、文科省がそのバッファ（緩衝物）になるという話もありましたが、その後のコロナ禍で、文科省が学校の業務を増やしている部分もある。そもそも文科省が学校や教育委員会に、あれもこれもお願いねという姿勢をどこまで変えられるのかが問われる」

「もちろん調査モノとかはだいぶ減ったようだし、いろんなことをやるうえでも働き方改革に逆行しないかどうかは、すごく気にするようにはなってきていると思っています。ただ、これは仕方がないよね、あれは仕方がないよねということで、ともすれば増えていってしまう。登下校中の事故があると通学路を点検せよとすぐなりますし」

代替要員なしという学校の脆弱さ

次の対応策は、教員を増やす話である。学校がギリギリの要員で運営されていることに、周りが気づかないふりをしている。教職員が何人も同時に休まざるを得ない状況に置かれると、学校が回らなくなることが、コロナ禍で現実となった。筆者の周りにもそういう学校がある。

「保育園も病院も大変ですけど、シフト制があったり、代替要員がいたりする。学校は、代替要員なし、シフトなしでずっとやっている。濃厚接触者が3人、4人出ると、何組の学級担任がいなくなってどうしよう、校長や教頭が代打するにしても、その先はもう手が回らないということになりかねない。そういう脆弱な体制をどうするかは考えなければいけない」

「教員定数の標準より少ない人員で頑張っている学校があって、未配置や欠員の問題もあちこちで生じて、講師不足の問題も起きているのだから、本当に学校の仕事を増やすんだったら、スクラップ・アンド・ビルドを原則にしないといけない」

次に学習指導要領の中身である。文科省は一昨年の一斉休校の後、一部の単元を翌年に持ち越してもいいという通知を出した。現実には、持ち越し事例があったかどうかはよくわからないが、「学習指導要領の中身を精選する話にはならなかった。新指導要領がスタートしたばかりだったということはあると思いますけど、悩ましいなとはずっと思っています」。

中身の削減は「ゆとり教育」批判の再現になりかねないから、確かに悩ましい。

「#教師のバトン」の評価

文科省が2021年にSNSを使って始めた「#教師のバトン」は、もともと、働き方改革を進め、教師の魅力を発信することをねらいとしていた。匿名のTwitterを使うということ自体が異例の取組である。妹尾さんは応援団の一人にもなっていた。

「実態としては、先生をやるのがつらい、苦しいという声の方が多くなった。当初のねらいと逆で、教員人気を落としているんじゃないかという点ではマイナスだったかなと思います。一方で、窮状を世の中や教育行政にダイレクトに近い形で伝えるのは大事で、改めて先生たち本当につらいね、大変だねという情報が世の中に共有されることで、保護者や地域が学校にあれもこれもと言いにくくなって、業務を見直さないといけないっていう機運にはなっている」

文科省は2022年度に、改めて教員の勤務実態調査をやっている。その結果をみて対応策を考えることになっている。しかし、「僕がこの間参加していた中教審でもなかなか切り込めなかった問題に2022年度のあとで切り込めるのか。そのときの世論にもよりますが、あまり楽観視していません」。「コロナで国の借金が増えていますから、文科省にもいろんな声に応えたいと思っている方も多いと思うんですけど、文科省がどこまでできるのか、もどかしい。免許更新制の発展的解消だけでは現場は救われない」。

部活動の地域移行のための減量と予算

部活を地域移行するよう求める動きは大きな流れとなっている。文科省はまず週末から始めるよう促している。妹尾さんはまず小学校がモデルになるのではないかとみる。

「地域によってはそんな人材がどこにいるのとか、委託や地域移行したときに自治体の予算でどこまでできるのという問題もある。全部受益者負担でとはいかない。人の問題やお金の問題などがあって、地域移行が進むかは未知数ではあると思います」

ただ、小学校での学校での部活動が盛んな地域では、名古屋市のように大規模な民間委託の動きがあるが、「そもそも部活動の種類や活動日などの、部活の総量を減らしていかないと」。

「移行するにしても、いろんな部活動の種類がある程度あって毎日のように部活動をするというのだとなると、人がいるのか。都会だったら請け負ってくれる企業があるけど地方では……といった問題が生じます」

小学校の野球のクラブチームは週末だけ、習い事だと週1、2回。妹尾さんはそんな例をあげて、活動量と種類の「ダイエットというかシェイプアップする必要がある」という。

総量を減らすことと同時に委託に伴う費用の問題も出てくる。名古屋市が学校でやっていた小学校の部活動を企業に委託したら、億単位の金額になった。

「逆に言うと、それだけの無償労働があったということで、中学校・高校でやるともっと増えますよね。保護者とか市民の方が、先生たちの無償労働に頼っていたということに気づいてもらって、ちゃんと首長も予算をつけていかないと」

教員の働き方も多様に

部活動がやりたくて教員になる人は昔もいまも少なくない。この点をどうするのだろうか。筆者は、部活優先の教員は部活の指導に専念する期間と本来の教員の職務を行ったり来たりできないものかと考えた。制度化するのは容易ではないと思いつつも、それくらいのショック療法が必要だ。部活がやりたくて教員になること自体が、本質的には歪んでいるという見方もあるのだ。ただ、教員が部活動指導員として専業で働くのは報酬面で無理がある。

そこで妹尾さんが紹介してくれたのが、『「教えない授業」の始め方』（アルク）の著者で、都立高校教諭から新渡戸文化学園に転じた山本崇雄《やまもとたかお》さんの提案だ。

「部活をしたい人は部活メイン、教科指導をしたい人は教科指導メインにするとか、あるいは複数の学校を掛け持ちするとか、もっと先生の働き方も多様化したほうがいいんじゃないかっていうことをおっしゃっていましたね。そういう方向も一つかもしれませんけど」

ただ、「部活をやりたくてしかたない人は、そもそも教員にならずに部活の受け皿となる企業やNPO、地域総合クラブなどの職員になるのが筋」というのが妹尾さんの持論だ。

「兼職・兼業の動きに反対じゃないですけど、心配なのが、誰もモニタリングしなくなること。いまは曲がりなりにも在校等時間について部活も含めてモニタリングしていますが、それが学校外です、民間です、地域ですとなると、健康観察、健康管理からは外れるんですよ。部活に熱心な人ほどもっとやるようになりますし、地域移行してもガイドラインに準ずる形になるにしても、学校より縛りが緩くなるはず。いまも〝闇部活〟とか言っているくらいですから。地域移行もいいことばかりではない」

そして、提案するのは、保育園や病院のように朝早い番と遅い番のようなシフト制だ。遅番の人が部活を担う。

「朝の学童保育を充実してもらって、9時くらいまでは学童保育で見る。タブレットもあるのだから、高学年は自習室を兼ねる。その時間は教員の手からは放しますと。いまは7時半くらいに出勤しないと、子どもも登校してきていて、授業準備もあるから間に合わない」

高校には昼間定時制の仕組みもあるのだから不可能なことではなさそうだ。シフト制に非常勤の教員を絡めることもできるかもしれないが、「それはそれでいろいろと不安定」。

そして、中教審でも提案された問題ではあるが、教員が担っている業務の仕分けをもっと進める必要があるという。具体的な仕分けとして進路指導をあげる。

「中教審答申でも十分扱えなかったですけど、高校や中学校は進路関係の負担が重たい。就職する子が多い高校も結構大変です。教員の多くは教員以外の職業の実態を知らないので、むしろ職業紹介とかキャリアコンサルタントがいるＮＰＯに委託する選択もある」

給特法と対財務省の問題

働き方改革の根本に横たわる給特法をどうするのか。この法律の存在意義自体を問う裁判も進行している。

「時間外勤務手当が出ればハッピーとは思っていません。むしろ、いまの教職調整額を支給する形のままでもいいかなと思っています。しかし、時間外にテストの採点や授業準備やさまざまな校務をしていても、校長の指揮命令にない自主的・自発的業務だと裁判でも判断されていますが、これはもう仕事だと認めたほうがいい。そうすると、時間外勤務手当の問題になるので、大学の先生のように裁量労働制にしたらと思っています。それこそ〝定額働かせ放題〟じゃないかと批判が出ると思いますが、現状が事実上は裁量労働制に近い形になっている」

「裁量労働制が採用されれば、使用者は労働者が過重な業務にならないように注意しなければならない。労働基準法や労働安全衛生法で求められていることを、いまの学校はすりぬけてしまっている」

「もちろん、現状でも安全配慮義務はあるので、校長は教職員の健康を維持しなければならない。裁量労働制でも過労死リスクが高まらない一定のしばりは必要です。教職調整額の４％が十分だとはまったく思っていませんが、裁量労働制の形で何時間働いても一定の固定額をもらう形でいい。長く働けばパフォーマンスがいいのかって世界じゃないでしょというのが僕の根源的な問題意識です」

「教職調整額がもっと報われる金額になったほうがいい人もいると思いますが、多くの先生は教員数が増えるなり、学習指導要領の義務的部分が減るなりして、空きコマが増えたほうがハッピーだとおっしゃる方は多いはず」というのが妹尾さんの見立てだ。

もう一つの問題は、人を増やせるのか、教員定数を充実させることができるのかという問題だ。この点は常に財務省と文科省の攻防がある。毎年繰り返されるそのやりとりは国民にはなかなか見えない。

妹尾さんはあえて「財務省の気持ちもわかる。人くれ人くれればっかりで仕事は減らしているのかと、自分が財務省の役人だったら、文科省や教育委員会、学校に言いたいですよ。部活動は義務ではないのだから、大変なら減らせよと言いたくなる。現場に共感しつつも財務省の言うことも一理ある」という。

だから、学校の総業務量をどう減らしていくかという問題は考えないといけないという。そのなかには「学校が自ら増やしちゃっている部分もある」。同時並行で進める必要があるのが、教員が必ずしもやらなくていいものの外部委託だ。

「たとえば、朝の学童をした人が、給食のお世話もする。給食指導は、食育やアレルギー対応もあるけど、教員免許が必要な業務ではないはず。専門のトレーニングを受けた方が給食を見守る形もあっていい」

学校の中の分業化が進むためには、ここでも人とカネの問題になる。

「そういった一連の動きを保護者も応援していく。おかしな方向に行っているなと思ったらちゃんと意見を、コミュニティ・スクールの仕組みなどを通じて言っていくことが大事」

働き方の問題もまた、コミュニティ・スクールで考える大きなテーマになりそうだ。

本気度が問われる「働き方改革」

2017年9月号

政府の重要施策の一つ

〈日本経済再生に向けて、最大のチャレンジは働き方改革である。「働き方」は「暮らし方」そのものであり、働き方改革は、日本の企業文化、日本人のライフスタイル、日本の働くということに対する考え方そのものに手を付けていく改革である〉

〈多くの人が、働き方改革を進めていくことは、人々のワーク・ライフ・バランスにとっても、生産性にとっても好ましいと認識しながら、これまでトータルな形で本格的改革に着手することができてこなかった。その変革には、社会を変えるエネルギーが必要である〉

政府の「働き方改革実現会議」❶が3月にまとめた「働き方改革実行計画」の一節である。

❶2016年9月に設置。

教育は「経済再生」や「生産性」という言葉とは直結しないが、「経済」を「教育」に、「企業文化」を「学校文化」に、「日本人」を「教員」に言い換えるなどすれば、学校現場にもほぼ同じことが言えるのではないか。学校の教員の働き方を変えるにも大きなエネルギーがいる。

政府の教育再生実行会議も6月の第十次提言で、「教師の業務負担の軽減は喫緊の課題」とした。そして、教員の働き方改革は、同月に閣議決定された今年の経済財政運営と改革の基本方針（骨太の方針）にも盛り込まれることになった。

骨太の方針では、「適正な勤務時間管理や業務の効率化・精選、学校の指導・事務体制の強化・充実や勤務状況を踏まえた処遇の改善等を通じて、教員の長時間勤務状況を早急に是正、年内に緊急対策をとりまとめる」ことになっている。

こうした動きを受けて、教員の働き方改革は同月、中央教育審議会に❷諮問された。改革はまず、国民全体に対する政策の一環だと捉える必要がある。これだけ幾重にも提言や方針が示されているのだから、現場にも本気度が問われていると考えるべきだろう。

2016年の文部科学省による❸教員勤務実態調査（速報値）で、10年前の調査に比べて教師の勤務時間が増加し、過労死ラインと言われる月80時間以上

❷「新しい時代の教育に向けた持続可能な学校指導・運営体制の構築のための学校における働き方改革に関する総合的な方策について」（2017年6月）。

❸この調査結果の報道により、教員の長時間勤務が社会問題化し、学校の働き方改革への機運が高まっていった。

の時間外労働をしている教員が、中学校で約6割、小学校で約3割にのぼっている。❹このチャンスを生かさないと、教員の働き方は、未来永劫変わらないかもしれない。

遅れる市町村の取組

さかのぼると、学校の業務改善については2016年6月、文科省の「次世代の学校指導体制にふさわしい教職員の在り方と業務改善のためのタスクフォース」が報告書をまとめている。

そこでは、教科指導も生徒指導や部活動の指導も事務仕事も、何でもこなすような「献身的教員像を前提とした学校の組織体制では、質の高い学校教育を持続発展させることは困難」としている。そうした報告書などを受けて、文科省はすでに、今年度から「学校現場における業務改善加速のための実践研究事業」をスタートさせている。

だが、文科省が2016年度末の時点で集計した教育委員会における学校の業務改善のための取組状況調査結果（速報値）によると、その改善の動きは素早いとはとても言い切れない。

まず、「所管する学校に対する業務改善の方針・計画等を策定していない」

❹2022年度に改めて教員勤務実態調査が行われており、その結果を生かした抜本的な対策が期待されている。

という教育委員会が、都道府県で7、政令指定都市で9、市区町村では92・4％に当たる1587にのぼっていた。

そもそも、「業務改善を推進するための、教育委員会内関係課による横断的な連携体制の構築」自体が遅れている。市区町村では連携体制の構築自体が3分の1に過ぎないのだ。取組はまだこれからだということがよくわかる。

さらに、❺「勤務時間の管理の把握のためのタイムカードの導入等」も、都道府県で6、政令指定都市で8、市区町村だと8・1％の139にとどまっている。さらに、❻「運動部の活動について休養日等の基準を設定している」教育委員会は、都道府県では41、政令指定都市でも14あったが、市区町村では4割強の737だった。

出尽くした感のある対応策

中教審への諮問では、検討事項として三点をあげている。第一番めは、部活動を含め、これまで学校が担ってきた業務のうち、今後も学校が担うべき業務はどうあるべきか。第二番めが、教職員と専門スタッフが担うべき業務の在り方と役割分担である。そして、第三番めが、教員が子どもの指導に専念できる学校の組織運営体制の在り方と勤務の在り方となっている。

❺「令和3年度教育委員会における学校の働き方改革のための取組状況調査」では、「ICカードやタイムカードによる勤務実態の把握」は都道府県・政令指定都市で100％、市区町村85・9％となっている。

❻2018年には運動部・文化部の「部活動の在り方に関する総合的なガイドライン」がスポーツ庁・文化庁から示され、週2日以上の休養日の設定を求めている。

ただ、それぞれの検討事項の論点は、これまでにかなり出尽くしているのではないかという印象が強い。タスクフォースの報告書でも、⑦教員の事務作業を補助する業務アシスタント配置、⑧学校給食費などの学校徴収金会計業務を自治体自らの業務と位置づけること、⑨部活動指導員を法令上、明確化することなど、すでに進みつつある対策はいくつもある。

２０１５年7月、文科省が示した「学校現場における業務改善のためのガイドライン」には、⑩先進的な自治体の取組の具体例がいくつも示された。さらには、文科省に置かれた「学校業務改善アドバイザー」もすでに動き出している。

小中学校の夏休みを最短で16日間程度にする静岡県吉田町のような取組も、普段の授業のコマ数を減らせるようにして、教員の働き方を変えることが大前提にある。

「給特法」見直しがねらい？

すでにこうしたさまざまな動きがあるなかで、文科省は中教審に何を期待しているのか。改めて諮問文を読み直してみると、⑪最大のねらいは１９７１年にできた公立の義務教育諸学校等の教育職員の給与等に関する特別措置法（給

⑦２０２１年8月に学校職員として教員業務支援員（いわゆるスクール・サポート・スタッフ）が法に位置づけられた。学校教育法施行規則65条の7。

⑧❺の調査結果では学校徴収金の徴収・管理を自治体や教育委員会で行っているのは都道府県40・4％、政令指定都市30％、市区町村32・9％だった。

⑨２０１７年4月に学校職員として位置づけられた。学校教育法施行規則78条の2。

⑩現在、文科省は「全国の学校における働き方改革事例集」をホームページで公開している。

特法）の見直しではないだろうか。

「教員には夏休みもあれば、修学旅行や遠足など学校外の教育活動もあって、一般行政職と同じような勤務時間の管理はなじまない」「だから時間外勤務手当を支給しない代わりに、給料の４％を教職調整額として上乗せする」――この仕組みを現状のままにできないということではないか。中教審の総会においても、その意を読み取った発言が委員から相次いだようである。

そもそも、時間外勤務を命じることができるのは、実習、学校行事、職員会議、非常災害などのやむを得ない場合の業務の⓬4項目に限定されているはずなのに、その点がなし崩しになっていることは、以前から指摘されている。付随して、中教審の検討事項には、学校の校務分掌や委員会の整理・合理化も入っている。学校規模が縮小していくなかで、今後、この点の議論にも注目したい。

いずれにしても、〈次世代の学校〉は、現在のような勤務体制ではありえない。その視点に立って、現場の業務改善には、管理職が率先して知恵を絞りたい。

⓫この後、2019年12月に一部改正が行われ、1年単位の変形労働時間制を可能としたこと、国が業務量の適切な管理等に関する指針を策定することが規定された。

⓬いわゆる「超勤4項目」。

働き方改革答申のその後

２０１９年５月号

学校の非常識を変える

謄写版《とうしゃばん》（ガリ版）や「青焼き」と言っても、通じない世代が多いかもしれない。その時代から変わらない学校文化の一つに紙の多用がある。企業のペーパーレス化が叫ばれて久しいが、子どもが学齢期になって学校からもらう大量の印刷物に閉口した人はいまでも少なくないはずだ。

メールの活用がなかなか進まないのも、紙文化とつながりがあるのではないか。公私ともに学校と関わりを持つようになっても、管理職以外の教員とメールのやりとりをする機会はまだ少ない。かつてＰＴＡの広報紙を作り、いまも学校関係者評価に関わっていて、非常に不便な思いをし続けている。

これまで何度も指摘してきたが、ついでに言えば、一般の教員に名刺を持たせないのも、企業で働いた経験のある人間からすると不可思議だ。「社会に開かれた教育課程」を動かすうえでも欠かせない。

こういうことを筆者は以前から、〈❶学校の常識は社会の非常識〉の例としてあげてきた。だが、その常識が、ようやく変わろうとしているのかもしれない。横浜市が「横浜市立学校 教職員の働き方改革プラン」の取組の一つとして、この春から、小中学校各2校と高校、特別支援学校各1校で、「学校と家庭をつなぐ情報共有システム」（Bridgeプロジェクト）の試験導入を始めたからだ。教員の「働き方改革」は、学校の常識を変えない限り、実現しないという思いを強くしている。

❶その後、教育委員や学校運営協議会長も務めるようになって、学校の常識も変わりつつあるように感じるが、その歩みは遅い。

画期的な横浜市の取組

横浜市のシステムでは、第一に、連絡帳や電話を使うのが学校の常識だった子どもの欠席の連絡を、専用ダイヤルで受け付けるようにする。「病気の場合は①を、けがの場合は②を……」といったガイダンスが流れ、中国語、スペイン語、英語でも対応する。学校ではこの連絡が自動集計される。

第二に、学校からのお便りなどの配布物は、登録した保護者の端末に届く。学校がアンケートをするような場合にも使え、これも自動集計になる。

第三に、災害時などの緊急情報の送信や返信もできる。学校からのメールの送信はかなり普及した印象を持つが、横浜市では双方向でやりとりできるようになるという。

横浜市では市全体でQRコードを使った市民へのアンケートを実施しており、これがきっかけの一つになったらしい。スマートフォンを持たない少数派への配慮は必要だろうが、学校評価のアンケート一つをとっても、かなりの省力化が進むはずだ。このニュースを目にしたとき、画期的な取組だと直感的に思った。

横浜市教育委員会は働き方改革の情報発信にも熱心だ。毎月発行される「働き方改革通信」では、時間外勤務が月80時間を超えた教職員の割合や19時までに退勤する教職員の割合が示される。

この通信を読むだけで、職員室業務のアシスタントやICT支援員といった専門スタッフの拡充状況、障害者施設の力を借りる校内清掃の推進状況、学校への留守番電話導入の設定状況、教職員のフレックスタイムの試行状況などがわかり、あらゆる手を尽くそうという姿勢が見える。

それだけに、❷Bridgeプロジェクトの試行結果にも期待が高まる。

❷2020年3月に報告書がまとめられており、横浜市ホームページで閲覧することができる。そのアンケート結果によると、教職員・保護者共に各取組について好意的に受けとめており、とくに学校からの配布物をデータで希望する保護者は65・5%にのぼった。

次を見据える文科省

学校における働き方改革の議論は、1月25日、中央教育審議会の答申「新しい時代の教育に向けた持続可能な学校指導・運営体制の構築のための学校における働き方改革に関する総合的な方策について」にまとまった。文部科学省は働き方改革をPRする動画も制作してYouTubeで流している。

新しい学習指導要領の周知でも取られた手法だ。文科省から教育委員会への伝達講習は上意下達の象徴だったが、時代に合わせた工夫を始めているのだ。

文科省における働き方改革の担当課長である合田哲雄《ごうだてつお》財務課長が、初等中等教育局のメールマガジン（3月22日付、356号）で興味深いことを書いている。部活動に関する部分である。

「少子化のなかで現在一つの中学校で部活動を維持することがなかなか難しくなっています。❸部活動の実施主体はこれから大きく変わってゆくでしょう。ゆくゆくは部活動指導の実績のある教師は兼職・兼業の許可をとっていただいて、学校とは別の実施主体のもと部活動指導員として活動していただくという形も見えてくるのではないかと思っています」

筆者も、働き方改革の実現と、部活指導に情熱を燃やす教員の思いを両立す

❸2022年6月に「運動部活動の地域移行に関する検討会議提言」がなされ、中学校部活動の地域移行や教師等の兼職・兼業などが示された。

るには、この方式が有効だと以前から主張してきた。

合田氏は「今後、私ども文部科学省は、これまで以上に『これは学校や教師の仕事ではありません』といったことを明確に申し上げてまいります」とも書いている。学習指導要領の改訂や大学教育の質保証など、近年の文科省の重要政策の実務を担ってきた人の発言には重みがある。

さらに、中教審答申で課題として指摘し、合田コラムの中でも触れたテーマに、❹小学校の教科担任制の充実がある。このテーマが新たな中教審の諮問事項になる可能性が出てきた。3月に読売新聞が報道、直後に柴山昌彦《しばやままさひこ》・文科相が会見で「諮問を行うかどうかも含めて未定」と答えたが、流れは報道の通りだろう。

中学校での部活動の過重負担とともに、小学校での教員の授業の持ち時間を減らさないままで、真の働き方改革は実現できないと思う。授業の質を高めるという点では、教員人事の小中学校間の流動化も、いい影響が期待できるのではないか。

教員育成指標にも取り込み

2016年に教育公務員特例法が改正されて、❺教員の育成指標などの規定

❹教科担任制の在り方はこの後、諮問「新しい時代の初等中等教育の在り方について」に上げられ、答申「『令和の日本型学校教育』の構築を目指して」で、小学校高学年からの教科担任制の本格的な導入の必要性が提言された。

❺2022年8月の「公立の小学校等の校長及び教員としての資質の向上に関する指標の策定に関する指針」の改正により、任命権者が策定する「校長及び教員としての資質の向上に関する指標」の見直しの検討が求められている。

ができたが、この指標にも、働き方改革を反映する教育委員会が増えてきたようだ。

たとえば、滋賀県の校長の育成指標では、「学校経営の推進力」の項目の中に「働きやすい環境づくり」を置き、ワーク・ライフ・バランスの取組を求めている。

三重県では、「学校組織運営力」の項目の中に「ワーク・ライフ・バランス」を置き、ステージごとに資質の表現を変えている。教職着任時には「ワーク・ライフ・バランスの重要性を理解」、10年次までは「業務の簡素化や効率化について、他の教職員との対話をとおして業務改善を図り、心身ともに健康で意欲的に職務を遂行できる」という具合だ。

校長の指標は「ワーク・ライフ・バランスの考え方に基づき、教職員が児童生徒と向き合う時間を確保し、心身ともに健康で誇りとやりがいを持って働くことができる職場づくりを推進するため、教職員の勤務時間等の管理を適正に行うとともに、業務の改善や働き方の見直しを率先して行うことができる」。管理職の率先垂範は、この改革には欠かせない。

学校が多忙から抜け出すために

2021年1月号

非常識が続いていた学校

❶教育問題の取材歴は長いが、保護者として学校と関わるようになったのはまだ10年と少しである。子どもが小学校に入学して大半の人が感じることを筆者も感じた。入学時の提出物から始まって、読んだり書いたりしなければならない文書の多さである。「社会ではデジタル化が進んでいるのに、なんだ、この紙の量は」と何度もぼやいた覚えがある。

筆者も新聞という紙の媒体で仕事をしてきたし、デジタル端末の画面を見るだけでは見落としてしまいそうで、仕事上の大事な資料は印刷して確認する習慣が抜けない。だが、半端ない量の文書を前にしたこのときは、「ひとり親世帯はたまらないだろうな」と思い、以来、❷学校の非常識ぶりを世の中に訴えてきた。

❶最初に教育問題を本格的に取材したのは1994年。学校週五日制はまだ完全実施されておらず、社会が「ゆとり」を求めていた時代だった。

❷管理職以外の教員が名刺やメールアドレスを持たないことなども。

一方、筆者は保護者としてかなりの期間、PTAの広報紙づくりの責任者を務めた。職業経験を社会的な活動に生かす〈プロボノ〉の一種だと思って関わることにしたのだ。

子どもが小学校低学年のころ、お母さんたちが持っているのは、まだ〝ガラケー〟と呼ばれる携帯電話だったし、メールでのやりとりは限定的で、リアルに集まって広報紙の編集について話し合うことのほうが圧倒的に多かった。しかし、その後、スマートフォンの急速な普及とともに、保護者同士のやりとりもデジタル化していった。

この間、学校はどれほど変わっただろう。業務用パソコンが普及しても、コロナ禍までは紙や電話での連絡が当たり前の学校が大半ではなかったか。時代の変化についていけていなかったのである。

押印と連絡手段で文科省通知

こんな経験をしてきた立場からすると、❸学校と保護者のやりとりのデジタル化を進めることは当然のように思える。

文部科学省は2020年10月、全国の教育委員会などに「学校が保護者等に求める押印の見直し及び学校・保護者等間における連絡手段のデジタル化の推

❸メール配信システムによる学校側の情報発信は増えているようだ。

進について」という通知を出した。冒頭から「本件は学校運営に影響が大きい事項であるため、確実に各学校まで行き届くよう特段の御配慮を」と念を押している。

本文ではまず、保護者会や夏休みの補習授業への参加申し込みのような「軽微な内容」から、児童生徒の肖像権に関する承諾やアレルギーの確認、保健調査、進路調査など、「権利関係や機微な情報等を扱う内容」まで、学校と保護者の間で押印を伴うやりとりが多々行われているという現状認識を示した。

そして、単に慣例としている場合もあれば、後々トラブル等に発展した際に保護者等が文書作成者であることを学校側が主張・証明することを想定している場合もあるだろうと分析。多用される認印の効果は限定的だとして、必ずしも押印にこだわらないよう求めた。

そのうえで、内容によっては押印手続きを省略し、メール配信システムや学校と保護者の双方向での情報伝達が可能な専用ソフトを活用するなど、「効率的な情報伝達手段」の検討が必要だと述べている。

メール配信システムがない場合でも、自治体独自にアンケートフォームをつくってQRコードやURLを保護者に伝えたり、Googleフォームなど、児童生徒に1人1台配備される端末のアンケートフォームを使ったりするよう求めた。Q&Aでは、デジタル化による、なりすましや個人情報漏洩の懸念に、紙でも起こりうることだと回答もしている。

Googleフォームなら筆者も個人的に利用していて、使い方は簡単だ。働き方改革の観点から、一気に進めてほしい施策である。

進まない給食費の公会計化

もう一つ、早急な対応が望まれるのが、給食費の徴収・管理を学校から切り離して自治体業務とする公会計だ。2020年11月には文科省が初めての全国調査を公表した。

2019年12月現在、学校給食を実施している全国1799の教育委員会のうち公会計化しているのはわずか438（26%）。準備・検討している教育委員会も524（31・1%）あるが、「実施を予定していない」が724（42・9%）にのぼった。なお、残る113は給食費を無償化している。

また、実施を予定しない教育委員会に理由を聞くと、50%前後が、情報管理のための業務システム導入・改修や運用の経費の問題や、人員の確保の問題をあげた。徴収や未納の対応における徴税部門等との連携も40%近くあった。だからといってこれからも未納の対応まで教員が担うのは理屈に合わない。

自由記述欄には、「保護者と信頼関係のある学校が担った方が円滑」「他市町

❹「令和3年度 教育委員会における学校の働き方改革のための取組状況調査」では、学校徴収金（給食費を含む）の徴収・管理を自治体や教育委員会で行っているのは都道府県40・4%、政令指定都市30%、市区町村32・9%だった。

村等の動向を見て、検討したい」といった声もあったが、周りの様子見はやめてほしい。ただ、システムの費用や人の問題がこれだけあがるということは、より広域的な対策が必要なのかもしれない。

給食費未納問題を思い起こす

給食費等の公会計化は学校の働き方改革の重要な柱だ。2017年12月、中央教育審議会の❺中間まとめ「新しい時代の教育に向けた持続可能な学校指導・運営体制の構築のための学校における働き方改革に関する総合的な方策について」を受けた、文科省の「学校における働き方改革に関する緊急対策」に盛込まれている。ここでは学校給食費について「公会計化することを基本」と明記、自治体に公会計化を促すとしている。

その後、働き方改革を巡って、❻2018年2月と2019年3月に文科省の事務次官通知が出た。さらに2019年7月には、文科省が「学校給食費徴収・管理に関するガイドライン」も示している。

ガイドラインでは、教員の業務負担軽減や保護者の利便性の向上などを効果としてあげ、未納時の具体的な対応まで細かく記している。また、先進自治体の事例をたくさんあげている。「1校当たり年間190時間の業務削減効果を

❺「中間まとめ」で学校徴収金の徴収・管理は、基本的には学校以外（地方公共団体、教育委員会、保護者、地域ボランティア等）が担うべき業務と分類された。

❻2018年2月の通知は2019年3月の通知「学校における働き方改革に関する取組の徹底について」をもって廃止となっている。

見込んでいる」「12の金融機関からの納付を受け付けている」「納付書によるコンビニエンスストアでの納付を可能としている」といった具合だ。

また、「滞納額が1万円を超える場合、税等の他の債権も含めて債権管理課が一元的に管理し、電話や家庭訪問等を実施し、なお回収できない場合には同課において法的措置を実施している」「未納者への電話や文書での督促を法律事務所に委託している」と聞けば心強い。

この問題は、さかのぼれば給食費の未納問題に行き着く。社会問題としてクローズアップされてからすでに15年ほどが経過している。

『教育委員会が本気出したらスゴかった。』（佐藤《さとう》明彦《あきひこ》著、時事通信出版局）という熊本市教育委員会のコロナ禍でのオンライン授業の取組を紹介した本が話題になっている。保護者との連絡手段にしろ、公会計化にしろ、全国の教育委員会が本気を出して取り組むべき時期だろう。

新しい『生徒指導提要』をまとめた八並光俊さん（東京理科大学大学院教授）に聞く――

生徒指導の基本を記した『生徒指導提要』が12年ぶりに改訂された。その中心にいたのが八並さん。1960年代のSF漫画『8マン』の主人公そっくりの風貌で、自身もそれを意識したかのような活躍ぶりだ。子どもたちを取り巻く環境が劇変するなかで、課題が山積する生徒指導のこれからを、「提要」改訂のねらいとともに聞いた。

やつなみ・みつとし●1958年生まれ。現在、日本生徒指導学会会長、中央教育審議会委員、文部科学省いじめ防止対策協議会委員であり、「生徒指導提要の改訂に関する協力者会議」では座長を務めた。専門は生徒指導・スクールカウンセリング。教育誌・教育書籍に多くの論考を発表している。2009年には、アメリカ国務省より、次世代の日本のリーダーに選出された。

なぜ「提要」なのか

2010年に『生徒指導提要』が公表されたときから、「提要」という耳慣れない言葉に堅苦しさを感じていた。なぜこの名称なのか。これまでは『生徒指導の手びき』（1965年）や『生徒指導の手引』（1981年）である。この話を持ち出したら、まず八並さんの過去の仕事の話になった。2008年に八並さんが編著の『新生徒指導ガイド―開発・予防・解決的な教育モデルによる発達援助』（図書文化）という本は、『生徒指導の手引』の現代版をつくろうという意図だったという。確かに改訂は四半世紀以上も行われてこなかった。

そして、幼いころの話。「僕自身が小学校のときにいじめを受け、自ら学校に行かないという選択をしているんです。父親の病のために、いまで言うヤングケアラーでもあった」。その原体験があって、大学の学部の卒業論文は米国の少年非行、大学院では当時、学問ではないと言われた生徒指導を研究テーマにした。

八並さんは現在、日本生徒指導学会の会長だが、「実は日本で生徒指導が専門の大学教員は、40年前はほとんどいなかった」という。「僕は、20代後半で大学教員になってから、日本の生徒指導に関する実践研究に加えて、米国のスクールカウンセリングと学校心理学を援用しながら独自に、かつ、孤独に研究してきた」と語る。

八並さんの生徒指導研究の開眼は、32歳のときの米国インディアナ大学への国費留学だったという。スクールカウンセラーが常勤職である米国では、生徒指導は学問として確立しており、当時ガイダンス・アンド・カウンセリングという学問的裏付けがあった。

帰国後は生徒指導にとどまらず、教育相談、キャリア教育、学校心理学などの学会で、発表をし、また、本や論文を書き続けた。この間、文部科学省、内閣府、都道府県教育委員会の生徒指導関連の委員も数多く務めた。文科省の視学委員も経験している。

前回の『生徒指導提要』作成時は、前学会長の森田洋司《もりたようじ》さん（故人）が座長であった。副会長で、執筆協力者であった八並さんも、「提要」という言葉に違和感を持ったという。「この漢語的表現は何なんだと、すぐに辞書を引いた。要点とかポイントのこと。森田先生に、『提要』は響きが古く、現場の違和感があるのではと話した」が、名称はそのままに。そのため、「提要という名称の理由はわからない」。謎は解消されないが、文科省は今回も同名で刊行する。

SCやSSWの数だけ増やしても……

文部（科学）省の生徒指導政策を概観するなかでも八並さんの批判的視点が見える。

スクールカウンセラー（SC）は1995年から、スクールソーシャルワーカー（SSW）は2008年から導入されているが、近年、いじめや不登校の増加傾向が止まらない。背景には、新たにできたいじめ防止対策推進法や教育機会確保法の影響、いじめ・不登校に対する社会の受けとめ方の変化もあるとは思うが、八並さんが「納税者目線で考えると、費用対効果が薄いと批判されても仕方がない」と指摘するのは、その通りだ。

「アメリカなら、導入したからにはいじめ・不登校の発生件数が減るというような成果が求められる。しかし、日本では医者が増えれば患者が増えるのと同じようになっている。かと言ってSCやSSWを常勤化しない」

八並さんはSCやSSWの質を問わなければいけないと主張する。臨床心理士資格中心で始まったSCでは、「対象が心理面に課題のある特別な配慮を要する子どもとその保護者と、限定的になってしまう傾向がある」。SSWは「当初、社会福祉士や精神保健福祉士といった国家資格を持つ人にという話だったが、元校長が就くなど専門性が必ずしも問われていない」。だから文科省の調査でも、たとえばSCがいじめを発見する割合はごくわずかだと言う。2021年度の「児童生徒の問題行動・不登校等生徒指導上の諸課題に関する調査」でも1%に届かず、養護教諭を下回る。非常勤職が多いだけが理由とは限らないのかもしれない。

筆者も以前に文科省の「教育相談等に関する調査研究協力者会議」の委員を務めたことがある。そのときの報告（2017年）ではSCやSSWの役割を規定、たとえばSCには、学級や学校集団に対する援助や、教職員や組織に対するコンサルテーションまで求めたことを思いだした。常勤化の拡大を含め、SCやSSWの役割をいま一度、問い直す必要がある。

「発達支持的な生徒指導」

さて、今度は自分が責任者の立場となった。まず、これまでの生徒指導をどう見るか。

「主な問題点は三つあります。一つめは、事後対応的な指導・援助のイメージが強いこと。従来の成長促進的・予防的生徒指導が必要です。二つめは、組織的と言いつつ、教育相談、特別支援教育、キャリア教育との連携がうまくいっていないこと。情報連携・行動連携が重要です。三つめは、働き方改革の視点から、生徒指導担当者の負担が大きすぎること。チーム学校の視点が重要です」

「いじめ自死の問題も、単に自殺予防教育をやればいいという話ではダメ。いままでの生徒指導は事後対応にウエイトをかなり置いてしまっている。いじめは不条理で犯罪的です。自ら命を絶つ子どもたちを出さないために、どうすればいじめが起きないようになるかに力点を置いて生徒指導を組み立てなおさないと」

そのときに、今回の「生徒指導提要」改訂の議論のキーワードでもある「発達支持的な生徒指導」が重要になってくるのだという。

「すべての子どもたちの発達を支えるような生徒指導を充実させる発想なんですよ」

これまでは「積極的な生徒指導」と呼ばれてきた。教員側が先手を打つ指導を言う。逆に

「消極的な生徒指導」とは、非行や問題行動等が起きた場合に事後対応する指導のことだ。

八並さんが「積極的な生徒指導」を具体的に示した一つめは、いじめ防止教育や薬物乱用防止教室といった防止教育。すべての子どもたちが対象になる。

二つめが、米国のスクールカウンセリングでガイダンスカリキュラムと呼ばれているもので、八並さんはその代表格として、横浜市の「子どもの社会的スキル横浜プログラム」をあげた。義務教育の9年間、道徳や特別活動で社会的スキルを伸ばすプログラムだ。

「我慢の体験がないとか、異年齢の子との遊びの体験がないとか、愛情を受けてないとか。子どもの社会性、人間関係づくりもコミュニケーション能力も、小学校入学前にうまく育成されていないことが、入学後の生徒指導の諸課題に結びつくという見方ですね」

たとえば、いじめ。「言葉の暴力によるいじめをなくそうと思ったときに、言葉の使い方を教える方が、汎用性があって効果的。横浜市のプログラムは発達支持的な生徒指導の代表的なやり方なんです」。

授業改善や法律理解

三つめが授業改善だ。発達支持的な生徒指導の中核部分で、「授業改善なくして生徒指導はありえない」と言う。「子どもたちは先生が自分たちの教育にどれだけエネルギーを割き、配慮してくれているか見ている。生徒指導で大事になるのは児童生徒理解と学級経営。そこを押さえきれないと失敗するのは目に見えている。子どもたちの実態把握ができると、教材づくりも授業展開も変わる」。そういう意味で、「先生方に、自分の授業を変えていくことが、問題行動の抑止につながるという発想が意外とない。僕は校内研修の講師に呼ばれると、必ずすべての先生の授業を見ます。生徒が授業を聞いてない原因が個人にあるのか集団にあるのか、10分程度見ているとわかるんです」。

そして四つめに大切なのは、新「提要」が「法律を理解したうえでの生徒指導」を促している点だ。「学校の教員は重要な法律を熟知しているとは言いがたい。いじめ重大事態の対応ミスにみるように、法律の大切さを、緊張感を持って認識していない場合が多く見受けられる」。まったく同感である。

「いじめ防止対策推進法を読んでいない教員や、法律がいつできたかも知らなければ、学校いじめ防止基本方針を読んだこともない教員は多い。いじめの自死事案をみても、管理職を含めていじめ防止対策推進法や関連するガイドラインなどが十分理解されていない」

そういう意味で、新「提要」は関連法規の説明が充実している。

筆者も、教職を志す学生に法律の意識が弱いことが気になっている。この10年余の間に、議員立法でいくつも教育関係の法律ができているだけに、なおさらである。

事実上の「新版」――権利条約や校則の積極的見直しも

ちなみに「多様な背景を持つ児童生徒への生徒指導」を重視する記述も、新「提要」の特徴の一つだ。それは、生徒指導が学校だけでは対応しきれない例が少なくないという視点につながる。「たとえば低所得のひとり親で、精神疾患があり、同居人のDVもあるという状況下で子どもが問題行動を起こしたら、あるいは発達障害の子がいじめ加害者になった、あるいは被害者になったら、どうするのか。困難事例は特殊事例じゃないんです。関係機関や地域資源を利用しないとダメなんですよね」。

これまでの「提要」にはこうした困難事例への対応の記述はなかった。「そもそもいじめや暴力行為に関する記述が数ページで役に立ちますかという話なんですよね」。

「今回の改訂では、第Ⅱ部に関しては、発達支持的なレベルではこういうことに気をつけてください、困難課題対応的なレベルではこういうことに気をつけてくださいと、各層別の留意事項を全部入れているんですよ。だから、第Ⅱ部は肉厚になっている。事後対応だけでなく、防止も含めて一つの構造を持って展開しています」

これまでの「提要」を初めて読んだときに、筆者もいじめや暴力行為のページ数があまりに少ない印象を持った。比べて読めば、新旧の違いがよくわかる。新「提要」は「改訂版」というより「新版」とみていいということだろう。

「新版」という判断は、児童（子ども）の権利条約に関する記述が入った点が象徴的かもしれない。八並さんは「以前の『提要』づくりで、なぜ児童の権利条約が入ってないのかと進言したことがありました。今回は弁護士会等から早々と『児童の権利条約に基づいた生徒指導をやれるようにしてほしい』という要望もあった」という。

新「提要」では、校則の見直しにおける児童生徒の関わりについても、これまでより積極的に記述している。校則の在り方は「児童生徒や保護者等の学校関係者からの意見を聴取した上で定めていくことが望ましい」、見直しには「児童会・生徒会や保護者会といった場において、校則について確認したり議論したりする機会を設けるなど、絶えず積極的に見直しを行っていくことが必要」としているのだ。この点も、権利条約の記述の延長線上にあると言ってもいいだろう。ブラック校則が社会問題化し、すでに不自然な校則の見直しは進んでいる。2023年度には子どもをまんなかにおいて政策を考えようという「こども家庭庁」ができるのだから、子どもの意見を聞きながら校則を考えるのも時代の流れだろう。

画期的なデジタル版

今回初めて、「生徒指導提要」がデジタル版となったことも大きい。紙ベースのこれまでの

「提要」があまり読まれていなかったということは、残念ながら事実だろう。デジタル化することで格段に使い勝手がよくなる。画期的だと八並さんが自画自賛するのもうなづける。デジタルテキストは1年半以上、４千時間以上の時間をかけて、八並さんが「命を削る思いで」一人で作った力作だ。

「法律などに飛べるようにリンクを張っています。私から文科省側に持ちかけました。たとえば、いじめについての研修をしたいとなったときに、未然防止から事後対応まで、1時間なら1時間で研修できるようにという意図を持って構成しています」

デジタルテキストのメリットは、改訂後にリンク先の追加情報が加えやすいことだ。こども家庭庁の設置や、「教育職員等による児童生徒性暴力等の防止等に関する法律」の短期間での成立を見ても「これからも子ども関連の法律が変わることは十分あり得ますから」。

生徒指導ポータルサイトが必要

さらに八並さんは、デジタル版だけにとどまらない構想を抱いている。学習指導要領ではポータルサイトができて、本体や解説、資料、さらに一般の人がわかるような動画を置いてある。「生徒指導提要」もポータルサイトをつくって、動画や教育委員会の生徒指導ガイドブックのリンク情報を張ったりしてはどうかというのだ。

新「提要」をデジタル化するだけだと制約があるという。「国のガイドブックには現場の実践を反映できないんです。脚注にある引用文献も、法律や文科省や厚労省、警察庁の通知や資料などです」

そのために、別途、生徒指導ポータルサイトが必要だという。「そこには、研究成果や、革新的なことをやっている自治体の情報も載せたい。『生徒指導提要』を補強するような情報提供のポータルサイトです。誰かがやらないと」。

「都道府県のつくったガイドブックにも真似ていいものがある。地方分権だから自治体ごとでいいというのではなく、実は隣のことをよく知らないんですよ」。長年、自治体の教育政策を見てきた筆者も同じことを感じる。さらに「小規模校で効果的な生徒指導体制を組むには、よその自治体のいい実践の情報が必要。いろんな地方の実践が読めるポータルサイトをつくらないとダメだと思いますね」。

近い将来、各学校の管理職とか生徒指導主事のパソコンのデスクトップに、生徒指導ポータルサイトが張ってあって、日常的に利用する日がきてほしいと筆者も期待している。

いじめ調査報告書の分析はどこへ？

文科省のいじめに関する政策の多くは、近年、恒常的に置かれるようになった「いじめ防止対策協議会」で議論されている。八並さんはそのメンバーでもある。さかのぼると、いじめ防止対策推進法の重大事態で義務づけられた調査報告書の収集・分析をしていた時期もあったが、筆者には中途半端なままテーマが変わった印象もある。

「そうなんですよ。いったいどうなっているんだろうと、いまも思っているんですけどね」。八並さんも同じ疑問を抱いたようだ。各教育委員会の重大事態の判断によって次々といまも生まれ続ける第三者調査の報告書が有効に活用されない事態は、大きな問題だと筆者は思う。

現在の重点は第三者委員会の組織の作り方だ。委員会の編成や委員の謝金、委員会の在り方や運営の仕方に焦点が置かれている。

現場が知らない「いじめ防止対策推進法」

「いじめ防止対策推進法を学校現場の先生方が知らないのが最大の問題です。普段のニュースは対岸の火事で、身近にトラブルがきて初めて慌てる。そのとき、法律が頭に入ってないから後手に回って、学校の対応の不適切さが浮き彫りになるんです。いじめ自死ゼロ、重大事態ゼロを最低限の目標にしたい」

「民事訴訟になったとき、学校にはいつ誰がどんな対応をしたかという記録がない。いじめ防止対策委員会の議事録もない。学校や教育委員会は個人情報保護をよく口にしますが、いじめ対応の記録や証拠を残していない」という問題もある。かつて、その対応策を、八並さんが生徒指導学会で発表していたのを筆者は聞いている。

「いまもそうなんですよ。保存義務が3年間あるようなアンケートを廃棄したとか、子どもが亡くなったりしているのに、信じられないことが起こっている」

「もう一つ、徒労感を覚えるのは、法律や学校いじめ防止基本方針に沿った対応をしていないこと。保護者は学校や教育委員会の不適切な対応を訴えるわけです。いじめ被害者の保護者は納得しないで再調査となる」

第三者性の問題

第三者委員会の調査に関しては、弁護士をはじめとする委員の謝金の問題も大きい。「ものすごい時間と労力かかるので、割に合わない」。

「当事者には、警察ではないので調査の限界もあるし、民事訴訟のための証拠書類をつくっているわけではないと、国のガイドラインに沿って説明しているはずなんです。でもなぜ再調査になるかというと因果関係の明記にあるのではと思います。いじめが原因で亡くなった、不登校になったとまでは断言できない。いくつかの要因の中にいじめがありそうだとまでしか、書けない場合も多い。再調査になる事例は、いじめが原因で自死しました、不登校になりましたと明記していないのでダメだという話が多いんです」

「仮に、いじめ被害者のSNSを調べていて、異性との交際の情報や虐待を思わせる家庭の事情があったとする。そういうことは調査報告書に書きにくい。公正中立というなら出てきた証拠は書かざるを得ないのに、書けていないものが少なからずあるのではないか」

そもそも公正中立でかつ被害者側に「寄り添う」という言葉が矛盾していないだろうか。「寄り添う」存在は別に必要なのではないか。

「そうです。（いじめ防止対策）協議会では、心理的なサポートを別の人が行うべきだとか、あるいは、調査段階で加害児童生徒と決めつけて本当に大丈夫なのかという意見もでています」。

いじめる側・いじめられる側は、時間の経過で入れ替わることもあるのが常識でもある。しかし、いじめ防止対策推進法では、被害を受けた側が心身の苦痛を感じたらいじめだ。

「あなたは加害児童生徒ですよと決めつけて調査が始まってしまう。そこに、課題はないのか」

また、被害者側が求める弁護士などを第三者委員会の委員に入れる事例もある。「この時点で公正中立というのは揺らぐのではないか」。

それに謝金の問題が加わって、委員のなり手がいなくなっている。公正中立な委員会の構成をどう担保するか。「文科省で人材バンクを作ってそのなかから派遣するしかない。いまは下手をすると委員を決めるまでに何ヵ月も時間が経ってしまう」。

さらに、卒業後に過去のいじめを訴えるケースも増えている。

「関係者もいろんなところに散って、文書も行政的な保存期間が過ぎている場合がある。ヒアリングが事実上不可能に近い状態であっても、調査をするというのが現実です。調査は困難を極めます」。加えて、今後はいじめ加害児童生徒とされた側から、第三者委員会が訴えられる可能性さえないわけでないと八並さんは言う。

いじめを防止するための法律が「罪作り」だというのは、あまりに逆説的だろうか。いじめ防止対策推進法は、成立から3年後に見直せる規定があったのに、実現しなかった。「そのまますずるずる来て」、いじめ防止対策協議会でも、法律改正がテーマにのぼっていないという。

いまのままでいい法律だとは思わない。文科省や政治家はこの法律の問題点を放置せず、腰を据えて見直しに取り組んでほしいと切に願う。

2022年8月26日、「生徒指導提要の改訂に関する協力者会議」の案が示された最終回の席で、座長の八並さんは少し長めの挨拶をした。なかなかの名演説である。

「生徒指導提要を生徒指導の羅針盤にしていただきたいと思っている。今、学校現場も生徒指導で、疲弊している。先生を希望する人たちも減ってきた。非常に苛酷な状況だが、これは我々教職員だけの力ではどうにもならず、学校を取り巻く保護者の方々、地域の方々がこれをお読みいただいて、生徒指導を理解していただき、地域社会総がかりで学校教育を展開していただければと願っている」

「個人的には、自分の責任ではないことで、苦しんでいる子供たちや、大きな苦境に直面している子供たちの救いや希望の光に、この生徒指導提要がなればと思い、座長を引き受けた」

「いじめ防止対策推進法が公布されて、何人の子供が自ら命を絶ったか。自死された子供たち、あるいはその保護者、あるいは私のように、いじめられて進路や人生が大きく変わってしまった子供たち、さらに、保護者の皆様の悲しさや悔しさ、それらを常に心に抱きながら、その悲劇を繰り返さない、あるいは指導上の蹉跌を繰り返さないためにはどうするか。事が起きてからでは遅く、亡くなった子供たちはもう戻ってこない。問題が、起きないようにどうするか。あるいは、学校で子供が自分らしさを発揮できる、そのような学校や生徒指導とは何だろうかと悩み、考えながら、歩んできた」

そして自身の経験、教育の分業体制が進む米国の実情、新「提要」のポイントに触れ、最後は英語版の作成と生徒指導ポータルサイトの作成にも言及した。「生徒指導提要」にかける八並さんの並々ならぬ力の入れようが確認できる挨拶となった。

いじめ対応に不足していたもの

2012年9月号

いまだに見えぬ発見奨励の視点

昨年10月に起きた滋賀県大津市のいじめ自殺で、市教育委員会や学校の対応が問題視され始めた7月、文部科学省が集計した2010年度の7万7千件余というういじめの件数を示し、増加を否定的に書く報道があった。むろん、いじめは減ったほうがいいいが、2005年度まで〈発生〉件数だった統計は、2006年度からは〈認知〉件数に変わっている。以前にも当欄で紹介したように、〈認知〉を〈発見〉と捉える県では、発生率が極端に高い。❶2010年度の数値で、全国平均は千人あたり5・1件だが、熊本県は27・6件ある。

滋賀県は1・5件。もっと少ない県もあるが、少ない部類に入る。大津市の数値は手元にないが、市の教育委員会会議での報告が毎月2桁にいかない程度だから、多くはないだろう。本当に問題事象が少ないなら結構だが、今回のよ

❶2014年度の「児童生徒の問題行動等生徒指導上の諸問題に関する調査」では、都道府県のいじめ認知件数（1000人当たり）の差が約30倍になったことが問題視された。2019年度以降は3年連続で10倍を下回っている。

うに、複数回のトラブルが学校側に伝わりながら最悪の事態を招いたケースも、統計数値には入っていないだろう。

教育委員会会議の公式の記録を読む限り、この場ではろくな質問や議論がされていない。〈発見〉という発想に立たない限り、「触らぬ神にたたりなし」という対応は改まらない。

文科省の平野博文《ひらのひろふみ》大臣も、7月20日になっていじめの緊急全国調査を実施することを表明。その数日後にテレビで、「件数が増えたらよくつかんだと前向きに評価したい」と発言している。❷この姿勢は、現場でも改めて確認しておきたい。

文科相の姿勢と現場

ただ、夏休みに入る時期の調査の意味がわからない。過去のいじめ自殺を見ても、その渦中に連鎖的な自殺が起きている。「夏休みまで何ごともないように」と祈る思いだった教育関係者は少なくないはずだ。長期休暇中は基本的に、いじめる・いじめられるという関係を断ち切るチャンスなのだから、そんな呼びかけを優先すべきだったのではないか。

いじめ問題が注目されると大臣が前のめりになるという現象は、これまでも

❷文科省はこの後の2015年8月の通知で、いじめを積極的に認知することを肯定的に評価すると示した。また2016年・2018年の通知ではいじめの正確な認知の推進を求めた。

繰り返されてきた。今回、文科省は大臣の指示に基づいて8月1日、官房長を室長とする「❸子ども安全対策支援室」を設置した。この役割も注視する必要がある。

文科省の動きと相前後して、都道府県教育委員会レベルでも調査に乗り出す動きが出た。把握しているいじめが継続しているかを再点検させるのは悪いことではないが、危機管理意識のある校長なら、独自の判断で洗い直しをしているはずだ。行政が前のめりになることで現場が指示待ちになっては困る。

道徳教育研究校で起きた悲劇

問題の大津の中学校は900人近い生徒がいて、現在では大規模校の部類に入る。10年ほど前は、滋賀県内でも1、2を争う荒れた学校だった。2009年度・2010年度の2年間、文科省から道徳教育の研究指定を受けており、研究概要にもそう書かれている。

研究のテーマが、「自ら光り輝く生徒を求めて〜心に響く道徳教育の実践〜」だったと知ると、むなしくなる。学校評価でも、道徳教育の部分を高く自己評価しているが、それが加害生徒の心に響いていなかったことは確かだ。

現在のホームページには、今年度版の「わが校のストップいじめアクション

❸いじめ自殺をはじめ、「学校において子どもの生命・安全が損なわれる重大事件・事故などの場合に、学校や教育委員会が原因・背景等について把握し、迅速に効果的な対応が行えるよう支援する」ことになっていた。

プラン」もアップされている。「わが校の」とあるとおり、県教育委員会の指導で、今回の事件以前から作られてきたもののようだ。

しかし、つい最近までいじめをいじめと認識しないいまま、アクションプランで「いじめの未然防止、早期発見、早期対応」を訴えてきたのかと思うと、むなしさはさらに膨らむ。生徒の自殺を、こうしたプランに生かす努力はなされたのだろうか。

加害者対応の失敗

今回の事件に限らないことだろうが、学校は加害者への対応に苦慮していたことがうかがえる。今回、加害者の保護者の存在がクローズアップされた点も特徴である。被害者の親が、市や加害者側に損害賠償を求めた❹民事訴訟では、加害者側が「いじめではなく遊びだった」といじめそのものを否定している。自殺前のトラブルがけんかとして処理されたのも、加害者・被害者双方が認めなかったからである。

さらに、一連の経緯を報告した昨年12月の教育委員会会議でも、「いじめた生徒が現在学校へ登校できておらず、学校から家庭訪問や電話連絡を繰り返している」「いじめ行為であったという認識を受け入れていない。学校としては、

❹2021年1月に元同級生2人の賠償が確定している。

粘り強く指導し、いじめたことを反省したうえで学校復帰できるよう関わりを進めていきたい」と説明している。

このとき教育長は、暴力行為といじめの件数を報告するなかで、「（暴力行為の）それぞれの事案を検証する際に、いじめの可能性はないか、確認するようにしている」とも述べている。この点は、過去の歴史をひもとくまでもなく、いじめを考えるうえでイロハだったはずだ。

定義にこだわりすぎるな

文科省は❺いじめを「自分より弱いものに対して一方的に、身体的・心理的な攻撃を継続的に加え、相手が深刻な苦痛を感じているもの」と定義している。いじめかどうかの判断は「表面的・形式的に行うことなく、いじめられた児童生徒の立場に立って行う」とことわり、さらに「いじめられた児童生徒の立場に立って」とは、「いじめられたとする児童生徒の気持ちを重視すること」と注意書きまで加えている。

気持ちを重視するということは、本人は「いじめではない」と言っても、その気持ちまで思いを巡らす必要があるということだ。定義の最初の部分にこだわりすぎると、大津のような対応を生む。

❺いじめの定義は、2013年6月公布のいじめ防止対策推進法に、「心理的又は物理的な影響を与える行為（インターネットを通じて行われるものを含む。）であって、当該行為の対象となった児童等が心身の苦痛を感じているもの」と規定された。

遺族をおきざりにするな

自殺後の対応のまずさが、今回も問題をより大きく見せた。校長は、連日の報道がされ始めて約10日後に会見し、それまで会見に応じなかった理由について、「生徒たちの心の安定を考えて避けていた」と答えた。

静岡県浜松市で今年6月に中学2年生が自殺した一件でも、その後の報道で、教頭が「いまとなっては十分な調査ではなかったと思うが、生徒の動揺が大きく、踏み込めなかった」と話している。学校や教育委員会は、死亡した子どもの遺族と、残された子どもたちの両方を気にかけざるを得ない構造がある。

しかし、昨年6月の文科省通知は、自殺があったときの対応について、「速やかに遺族と連絡を取り、できる限り遺族の要望・意見を聴取」「その後の学校の対応方針等について説明が重要」「在校生からの聴き取り調査は、遺族の要望や心情、当該在校生の心情に配慮」「できるだけ速やかに、調査の経過を遺族に説明し、その際、予断のない説明に努める必要がある」と、遺族への配慮を細かく求めている。さらに詳しい調査についても、「遺族と協議を行う必要がある」と明記している。この点を乗り越えない限り、❻遺族と学校や教育委員会との対立は、今後も起きることになるだろう。

❻2017年には文科省が「いじめの重大事態の調査に関するガイドライン」を示しているが、必ずしもこのガイドラインどおりの対応が行われているとは言いがたい。

いじめと教員養成

2012年11月号

教員養成部会での議論から

いじめ問題はさまざまな場で議論になる。筆者は中央教育審議会教員養成部会の委員でもある。9月に開かれたこの部会でも、文部科学省が示したばかりの「いじめ、学校安全等に関する総合的な取組方針」について説明があり、教員養成との関連で、❶委員間の意見交換があった。

口火を切ったのは、教員養成大学学長の委員。文科省の用意した教職課程の科目の資料を裏づけるように、「いじめへの対応は、特定の科目の中の、ごく限られた時間で扱われているだけだ」と実情を紹介する。

続いて、私立大学の教育学部教授が、「現在の授業科目は個人への指導が中心で、集団を見るという観点が欠けている」と指摘すると、国立大学の教育学部教授が「学級経営を正面にすえた議論があっていい」とつないだ。

❶審議会の議論は意見交換にならないことも珍しくないが、本来はこのようなやりとりが望ましいと思う。

文科省からは「教育実習でいじめへの対応について扱うべきなのか」という論点も提示されていたが、これには複数の委員から否定的な発言が相次いだ。「限られた時間の教育実習では、もっと幅広い視点でアンテナを高める経験を積む必要がある」「教育実習では教科の実践力をつけることが最優先だ」などである。

また、元文科省幹部の委員からは、「予防的措置の観点から、学校での初動対応について、過去の事例の類型化が必要ではないか」という指摘があった。

それぞれ、部分的かつ筆者が興味を覚えて書き取った部分を抜粋しているので、各委員の発言の的を射た要約ではないことはお断りしておくが、発言の機会を逃した筆者も、間近なやりとりから、いろいろ連想を膨らませることができた。

調査報告書を生かしたい

元文科省幹部の発言を、筆者は後輩へのメッセージと受けとめた。

文科省は平野博文《ひらのひろふみ》大臣の肝いりで、官房長を室長とする「子ども安全対策支援室」をつくり、部会の場でも説明した「総合的な取組方針」をまとめたわけである。当然、過去のいじめ自殺に関する情報として、❷第三者委員会等がま

❷文科省のいじめ防止対策協議会（令和元年度）において、いじめの重大事態の事案情報整理表のイメージが2019年9月の第1回会議で公開されているが、その後、調査報告書の公開や分析は持ち越されているようである。

とめた調査報告書の類いを収集していておかしくない。

ところが、こうした報告書を集めて分析しようとした形跡がない。少なくとも省として組織的に検討はしていない。たとえば、この欄でも触れたことのある、群馬県桐生市の、まったく中身を明かしていない報告書も、文科省なら参考に集めることができるはずではないか。

近年のいじめ自殺を受けて、文科省は協力者会議をつくり、いじめや自殺に関してさまざまな指針を世に出している。調査のための第三者委員会をつくることも促している。では、そうした指針がどう使われているのか、❸第三者委員会の効果はあるのか、検証されているのか、心配になる。

こうした調査のなかで、自殺といじめの因果関係にばかり目を奪われていては、本質を見失う。メディアが、いじめの有無にばかり注目しすぎて、いじめがないとなったら報道がすぐ収束してしまい、その後をさっぱり追いかけない点も問題がある。

❸いじめ防止対策協議会（令和4年度）では、第三者委員会の組織の在り方に議論の重点が置かれているようだ。

どんな教師や校長だったか

いじめと教員養成の関連で言えば、いじめを苦に自殺してしまった子どもの担任など、中心的に関わったのがどんな教師だったかという問題がブラックボックスになっている。

個人情報として扱いにくいのはわかるが、今後の教訓を得るには必須の情報である。自殺に至るまでに、学校の誰がどんな対応をしたのか、という情報が欠かせない。それが、調査報告書には必ず記されているはずだ。過去のいじめ自殺では、担任教師の対応にかなり問題があった例も少なくない。

同時に、校長は十分な役割を果たしたのかも知りたい。その点は、報道などから類推ができる点もある。滋賀県大津市のいじめ自殺では、遺族が起こした民事訴訟で、市側が提出した文書から、どうやら自殺前に、複数の教師がいじめと認識していたことも明らかになりつつある。当初の説明との食い違いは、校長が十分な情報を把握していなかったというよりも、その情報を意識的にはずした可能性が高そうだ。

これでは事なかれ主義と言われてもしかたがないだろう。

自殺をどう伝えるか

兵庫県川西市の県立高校のいじめ自殺も校長の対応が問題になった。

自殺があったのは新学期が始まる前日の9月2日。報道によると、校長らは3日に生徒の自宅を訪れ、「学校生活に問題はなかった」と話したが、4日の葬儀で、同級生らが書いた追悼の手紙の中に、いじめをうかがわせる記述があり、アンケートや聞き取り調査を実施して、いじめの具体的内容がわかった。

自殺が報じられたのは読売新聞だと6日夕刊。タイムラグがある。その間に、「学年集会で〈不慮の事故〉と説明したい」と遺族に話したことが問題視された。遺族は自殺と説明することを望んだため、結果として、「不慮の事故」という表現の説明はされていない。

一般的に❹自殺をこの表現で説明するのはありうることではある。だが、校長が、批判を受けた後も、「生徒の動揺を抑えるためだ。不慮の事故という言葉を使うべきだったと思っている」と答えていることには違和感を覚える。

文科省の協力者会議が2009年3月にまとめた「教師が知っておきたい子どもの自殺予防」のマニュアルでは、「不幸にして自殺が起きてしまったときの対応」として、以下のような表現がある。

「遺族へのコンタクトを急ぎましょう。自殺の事実を子どもや保護者、マスコミに伝えるにあたっては、遺族から了解をとるよう努めてください。遺族が事故死として扱うと言われればそれを尊重しますが、学校が〝嘘をつく〟と子どもや保護者の信頼を失いかねませんから、『家族からは○○と聞いています』という表現にとどめる必要があります」。

このマニュアルには「子どもに事実を伝える時は、大きな集会を避け、クラ

❹2021年度に自殺した小・中・高校生は368人。2020年度は415人で、国私立学校や通信制高校も対象にするようになった2013年度以降で最多だった（児童生徒の問題行動・不登校等生徒指導上の諸課題に関する調査）。警察庁の2021年の統計では473人で、常に学校を通した調査と差が出る。

スで伝えてください。ただし、手段の詳細は伝えないでください」ともある。川西市の例に限らないことだが、児童生徒の自殺があると、いまだに、大勢の場で事実を伝えることが圧倒的に多いようだ。この点も考え直してほしい。

教員養成の在り方と関連

中教審が8月にまとめた答申で[5]、教員養成の修士レベル化が打ち出され、新たな3種類の教員免許も示された。筆者も部会の議論に関与したが、今回のような事例を見ていると、やはり、専門免許状を取得する形で管理職を養成することが必要ではないかと思えてくる。

また、教員養成部会でも複数の意見が出たように、いじめへの対応や学級集団づくりについての教育が、現在の教員養成、とりわけ教育実習の場で十分にできていないのであれば、その点でも、学部卒業後、あるいは教員として採用後に、そういう知識や技術も身につける場が必要ではないかと改めて思った。

[5] 「教職生活の全体を通じた教員の資質能力の総合的な向上方策について」（2012年8月）。

いじめ防止対策法を読む

2013年8月号

初のいじめ法の危うさ

❶「いじめ防止対策推進法」が6月に成立した。秋には施行される。我が国でいじめ対策が法律になるのは、意外なようだが、これが初めてだという。法律という〈仏〉ができて、それが効果をあげるには、〈魂〉をどう注入するかが問われることになる。

当初は自民・公明両党の与党案と民主党などの野党案（いじめ対策推進基本法案）の調整がつかず、参議院選挙前の成立が危ぶまれていたようだった。会期末ぎりぎりで、与党案をベースにしたものに修正を加える形で法律案ができた。滋賀県大津市でいじめを受けた中学生が自殺してから、1年半以上たっている。事の性格を考えれば引き延ばしにはできないという判断だったのだろう。

定義や理念の後の第4条に「児童等は、いじめを行ってはならない」とある

❶全35条。2013年9月施行。附則をもとに施行状況等の検討がなされ、教員の懲戒規定を加えるなどの議論があったが、法改正には至っていない。

（児童等は児童生徒を指す）。野党案では「何人も、児童生徒等をいじめてはならない」だった。主語に重点を置くか、目的語に重点を置くか。言わんとすることは似ていても、印象は違う。

国会の議論では、「どの学校でも、どの子どもにも起こりうるとされるいじめを法律で禁止することは意味がないのではないか」という質問も出た。一理ある。年間何万件ものいじめが報告されている現状を考えれば罰則規定はなくても、子どもがこれだけの不法行為をしている現状と向き合わなければならないことになる。❷いじめ撲滅運動の危うさに通じるものがある。

財政措置に期待したい理念法

しかし、法律は国や自治体、学校の設置者、教職員、保護者の責務を規定した理念法の色彩が濃い。

国や自治体に対策を求めているほか、学校と教職員には、「学校全体でいじめの防止や早期発見に取り組む」ことや「児童等がいじめを受けていると思われるときは、適切かつ迅速に対処する」ことを責務と位置づけた（5条～8条）。

裏返せば、学校全体で取り組めず、教職員が見つけられないような形でいじめが起きていたからこそ、深刻な事態を招いてきたのである。どうやったら気

❷いじめをゼロにするという意味での「撲滅」や「根絶」という言葉には本来無理がある。

づけるかが最も重要で、いじめの歴史を振り返れば、〈魂〉こそ重要なことは自明だろう。

国や自治体には、いじめ対策推進に必要な財政上の措置も求めている（10条）。法律ができて、対策が進めやすくなったのはまちがいないだろう。

保護者の責務については、「家庭に対して法律がどこまで踏み込めるのか」といった議論があり、子どもの規範意識を養うための指導などをするよう「努めるものとする」という努力規定に落ち着いた（9条）。

学校にいじめ防止組織

学校や学校設置者に対して、この法律は、いじめ防止のための子どもたちの自主的な活動に対する支援や、保護者や教職員への啓発や研修を求めている（15条）。同時に、「学校におけるいじめの防止等の対策のための組織」を置くよう求めた（22条）。❸この点は大きな特徴の一つである。

組織の構成は、「当該学校の複数の教職員、心理、福祉等に関する専門的な知識を有する者その他の関係者」とあるから、スクールカウンセラーや、場合によっては、スクールソーシャルワーカーのような立場の人も想定しているようである。

❸地方自治体には「いじめ問題対策連絡協議会」の設置を可能とした（14条）。設置状況は2021年度で都道府県100%、市町村85%となっている。

「またまた組織か」という思いが浮かぶかもしれない。国会でも「小規模校での負担増や、大規模校での学校全体での情報共有への支障が懸念される」という声が出た。それに対する答弁を聞く限り、組織については「自由度は尊重するので柔軟に」という姿勢のようである。

ただ、こうした組織や、いじめの早期発見のための定期的な調査や相談体制の整備（16条）は、しっかりした学校なら、すでに対策として取られていることだろう。実行済みの対策を、どう実のあるものにしていくかが問われているのだ。とくに、定期的な調査の結果がおざなりに扱われたら、悲劇は防げるわけがないだろう。

「重大事態」は首長に報告

また、この法律は、実際に子どもからいじめの相談を受けた場合、教職員だけでなく、相談を受けた自治体の職員や保護者も、「いじめの事実があると思われるとき」は、学校に通報するよう求めている（23条）。通報を受けた学校は事実の有無を確認するとともに、その結果を設置者に報告するとしている。

この点では、国会で「相談する子どもとの信頼関係から、通報しない判断もあるのではないか」という質問もあった。やはり、柔軟な運用が必要である。

さらに、「重大事態への対処」については一つの章を立てている。いじめられている児童生徒が「生命、心身又は財産に重大な被害が生じた疑いがあると認めるとき」や「相当の期間学校を欠席することを余儀なくされている疑いがあるとき」は、速やかに、❹学校の設置者か学校に組織を設け、事実関係を明確にする調査をするよう求めた（28条）。

そして、こうした事態が発生したとき、学校は教育委員会を通じて首長に報告する義務ができた（30条）。ここには、滋賀県大津市の事件で、首長まで情報が十分に届かなかったことへの大きな反省がある。

❹いわゆる第三者委員会による調査となる場合も多いが、法律そのものには第三者を表す言葉はない。

「厳罰主義」の評価も

いじめを行った子どもに対しては、別室で学習させるなどの配慮を求めるとともに、犯罪行為と認めたら警察と連携するようにも求めた（23条）。さらに、学校教育法上の懲戒（25条）や出席停止（26条）にも言及している。

ただ、いじめた側への対処については、法律からはこれ以上は読み取れない。いじめる側への毅然とした態度は重要だが、いじめ問題で最もむずかしいのは、いじめた側がいじめを認めず、保護者も同調したような場合であろう。いじめる側の抱える問題を解決しない限り、根本的な解決はむずかしい。いじめる側の「なぜ」について踏み込んで考える発想が、法律にもほしいが、「北風と太陽」の「北風」が目立つため、厳罰主義という評価が出ることはやむを得まい。

さらに、いじめは、いじめる側といじめられる側という単純な構造ではなく、傍観者的な子どもの存在を抜きには語れない。日本弁護士連合会は、法案成立直前の意見書で、この問題を指摘している。いじめ対策を法律で考えることの限界だろう。

ネット対策と学校評価

このほか、❺インターネットによるいじめに対する対策の推進という規定も加えられた（19条）。国や自治体に、ネットでのいじめの監視をする関係機関や関係団体への支援を促している。

学校評価にかかわる規定もできた（34条）。いじめの隠蔽がされないように、いじめの早期発見、再発防止の取組について、「適正に評価が行われるようにしなければならない」と述べている。最後の「雑則」としておかれているが、重要な視点だと考える。

❺文科省「児童生徒の問題行動・不登校等生徒指導上の諸課題に関する調査」ではネットいじめの件数が増加傾向となっている（2021年度2万1900件）。

問題行動等調査と指導死に見る教師

２０１７年12月号

不登校の増加と教師

２０１６年度の「児童生徒の問題行動・不登校等生徒指導上の諸課題に関する調査」（速報値）が、文部科学省から10月に公表された。これまでは、「児童生徒の問題行動等生徒指導上の諸問題に関する調査」。文科省は以前から、不登校は「問題行動等」の「等」に含まれていて問題行動ではないと説明していたが、「不登校」という言葉を表に出し、「諸問題」も「諸課題」と変えた。

２０１６年12月、義務教育の段階における普通教育に相当する教育の機会の確保等に関する法律（教育機会確保法）が成立。国会の附帯決議で、不登校に関する施策の実施にあたって、「不登校というだけで問題行動であると受け取られないよう配慮すること」が盛り込まれた。附帯決議が調査の名称も変更させたようだ。

小中学校の不登校の児童生徒数は❶13万4398人で、2015年度の12万5991人から8407人も増えた。法律に見られるような不登校に対する捉え方の変化を考えると、現在の学校自体が劇的に変わらないと、この数値は下げ止まりどころか、❷今後、いっそう増える可能性もある。

さらに気になるのは、❸不登校のなかで、「教職員との関係をめぐる問題」を要因とした不登校が増えていることだ。小中学校で計3653人。「いじめを除く友人関係をめぐる問題」（3万3799人）とはケタが違うが、2005年と比べると倍以上。2015年から急に増え始めている。その理由までは分析されておらず、都道府県別の数値も公表されていないが、もし、大都市部で急増した経験年数の少ない教師と関係があるなら、問題は深刻だ。

発達障害に言及した報告書

教師の指導という点では、2017年3月、福井県池田町で起きた中学2年生の男子生徒の自殺には驚いた。人口3千人に届かない町で中学校も1校だけ。全校生徒52人（当時）の小規模校で起きたからだ。

そんな学校で、副担任まで置かれていると聞けば、学習面でも生活面でも目配りがきくと考えるものだ。ところが、課題（宿題）の未提出を巡って、そり

❶2021年度は24万4940人で過去最多を更新している。

❷2012年度以降9年連続で増加している。

❸2021年度調査では「無気力、不安」が不登校要因の最多となっている（49・7%）。

の合わない副担任の指導で、生徒が土下座しようとしたり、過呼吸を起こしたりしていた。

副担任と合わないなら、担任はそれをカバーする側に回るべきなのに、生徒は、町のマラソン大会のボランティアや、卒業生を送る会などを巡って、担任から何度も大声で叱責されていた。

しかも、これほどの小さな学校でありながら、管理職との情報共有が不十分で、組織的な対応がとれていなかった。

以上は、10月に公表された池田町学校事故等調査委員会の調査報告書（要約版）によるが、注目しかつ評価したいのは、報告書が、生徒に発達障害の可能性があったことに言及している点だ。教員の間でも話題になっていたという。

遺族の立場を考えるとデリケートな問題だが、実は、いじめ自殺の当事者にも、調査報告書からその可能性がうかがえる例がある。

池田町の自殺の場合、生徒は、生徒会の副会長に選ばれていたが、「感情のコントロールが不得手」で「対人関係が器用ではない」という面があった。また、「バランスのよい文字を書くことや、マスの枠内に文字を収めることが苦手」といった記述も見える。報告書は、こうした特性を持つ生徒に、「担任、副担任の厳しい指導叱責に晒され続けた」ことが、「孤立感、絶望感を深めた」と分析している。

そのうえで、「とりわけ中学校段階では、教員は生徒の学習活動の遅れや生活態度に目がいきがちになるが、根底にある発達特性を踏まえた生徒理解が必要」と指摘している。

この事例を受けて、文科省も、10月に出した通知の中で、改めて生徒指導について、「児童生徒の持つそれぞれの特徴や傾向をよく理解し、特性や発達の段階に応じた指導を行う必要がある」「❹いたずらに注意や叱責を繰り返すことは、（中略）生徒を精神的に追い詰める」と戒めている。

こうした経緯を調べながら、筆者は10月に聴いた文科省元事務次官の前川喜《まえかわき》平《へい》氏の講演を思い出した。前川氏は、貧困率、ひとり親家庭の割合、特別支援が必要な子、発達障害の子、ＬＧＢＴ、色覚異常、吃音、アトピー、アレルギー、喘息……さまざまな割合を示した。さらに、左利きの子、自転車に乗れない子、泳げない子まであげて、「ひとつも当てはまらない子どもはいないでしょう」というのだ。教師は、教室にいる子どもたちの多様性に、改めて思いをはせる必要がある。

子どもの声を聞く調査

さて、今回の「問題行動等調査」で最も注目されたのは、いじめの認知件数

❹池田町以前にも、２０１５年に鹿児島県奄美市や広島県府中町で中学生が自殺。教員の不適切な指導による「指導死」が表面化していた。

だろう。小学校から高校までで32万3808件にのぼり、2015年度に比べて9万8676件も増加。自殺や長期間の不登校となる場合を想定した、いじめ防止対策推進法28条の重大事態は400件に達した。

同法では、「子どもが苦痛を感じたかどうか」が、いじめかどうかの、ほぼ唯一の判断材料だ。調査も法律の定義を前提としている。ところが、子ども千人あたりの認知件数は、❺都道府県でいまだに大きな開きがある。京都府の96・8件、宮崎県の85・7件などに対し、香川県5・0件、佐賀県5・6件など、十数倍の差だ。もちろん、これほどまでにいじめの多い県と少ない県があるわけはない。個々の教員の認識に大きな違いがあるのだろう。

その意味で、今回の結果を受けて、文科省OBの亀《かめ》田《だ》徹《とおる》氏（LITALICO研究所主席研究員）がコラム（「ヤフー個人」参照）で、子どもに尋ねる調査への見直しを訴えている点は興味深い。文科省で生徒指導室長を務め、いったん退職したあと、改めてフリースクール等を担当する視学官も務めた人の発言である。

亀田氏は、コラムの中で、「悪口」や「苦痛」について、「子どもがどう感じたかを、本人以外の教員が判断するところに無理があります」という。現在も、子どもに対するアンケートなどを参考にしているのだから、教員が認知した件数は参考データとして示しつつ、子どもに対するアンケート結果を調査結果と

❺2021年度の調査では9・9倍となった。

すべきだという主張である。

子どもには「いじめの有無」という聞き方はしない。「たたく・ける」「わざとぶつかる」「物を投げる」「からかう」「悪口をいう」「いやな呼び方をする」「物を隠す」「返事をしない」といった具体的事実を見たことがあるかを聞くというのだ。

現実にこれを集計して公表するとなると、現場の抵抗も、調査手法の課題もありそうだが、亀田氏の言うように、大事なのは「安心できる学校になっているかどうか」だ。いじめの有無にこだわり続けると、定義ばかりに目が向いてしまう。

いじめ調査の数字一つをとっても、生徒指導は岐路に立たされていると言えるのだろう。

曲がり角に立ついじめ第三者調査

2018年6月号

「社会通念」を持ち出した報告

いじめが疑われ、自殺や長期間の不登校といった〈重大事態〉[1]があったときに行われる第三者調査の仕組みを立て直す時期が来ている。

調査を義務づけたのは、2013年に議員立法でできたいじめ防止対策推進法。きっかけは、2011年に滋賀県大津市で起きた中学生のいじめ自殺だった。いじめを見逃さないために、いじめの定義を広げて捉えるという考え方に立った法律である。

このため、この法律でのいじめの定義は、「当該児童等と一定の人的関係にある他の児童等が行う心理的又は物理的な影響を与える行為（インターネットを通じて行われるものを含む。）であって、当該行為の対象となった児童等が心身の苦痛を感じているもの」。被害者側が苦痛を感じていたかどうかが唯一

[1] 重大事態は2019年度以降、723件、514件、705件と推移している（2021年度児童生徒の問題行動・不登校等生徒指導上の諸課題に関する調査）。

の条件と言える。その後の多くのいじめ第三者調査も、苦痛が判断できた場合はいじめと認定してきた。

ところが、3月に出た東京都葛飾区立中学3年生の自殺の第三者委員会報告書は、法律上のいじめの定義をあえて適用せず、「社会通念上のいじめ」には当たらないという判断を行った。報告書に、社会通念上のいじめとは何かの説明はない。

拡大し続けてきた「定義」

文部科学省によるいじめ調査は、「児童生徒の問題行動等生徒指導上の諸問題に関する調査」として、1985年度に始まった（現在は「児童生徒の問題行動・不登校等生徒指導上の諸課題に関する調査」）。

1986年度調査から定められたいじめの定義は「①自分より弱い者に対して一方的に、②身体的・心理的な攻撃を継続的に加え、③相手が深刻な苦痛を感じているもの」で「学校としてその事実（関係児童生徒、いじめの内容等）を確認しているもの」と限定されていた。

それが、1994年度からは「学校として」以下を削除、いじめかどうかの判断は「表面的・形式的に行うことなく、いじめられた児童生徒の立場に立って行う」よう求めた。

さらに、2006年度からは、「一方的に」「継続的に」「深刻な」といった言葉を削除するなどして、いじめの範囲はかなり広がった。定義の変化の背景には、教員が気づけないまま、❷最悪の事態を招く事例が続いてきた長い歴史がある。

ところが、葛飾区の第三者調査では、「法律の定義の趣旨はいじめの早期発見という面がある」が、調査委員会の使命は「事実経緯を明らかにし、いじめと評価できる行為があったのか、そしていじめがあった場合には、自死の原因がいじめなのか否かを判断することにある」として、「社会通念上のいじめ」という考え方を持ち出してきたのである。

二重基準の悪影響

調査をするうえで、被害者側の苦痛だけを根拠にしている法律を、字句通りに捉えるだけでは済まないことまでは理解できる。だが、調査委員会自体が、いじめ防止対策推進法の下にできる組織だ。しかも、「社会通念上のいじめには当たらない」という結論は、全員一致ではなかった。報告書は、恋愛の告白を拒絶してもいじめに該当し得る可能性があるとまで言っている。

❷東京都中野区立中野富士見中（1986年）、愛知県西尾市立東部中（1994年）など、中学生のいじめ自殺が繰り返し社会問題になってきた。

いじめ発見時と調査時での二重基準が当たり前になれば、今後の第三者調査ばかりか、いじめの早期発見が求められる現場にも混乱を招く。「社会通念」は変化する。❸時計の針を戻すように定義論議をするのは、いじめの早期発見のためにはマイナスでしかない。

第三者調査の混乱

❹この種の調査は本来、いじめの有無や、いじめと自殺の因果関係にとらわれすぎてはいけないのではないか。子どもが安全で安心に過ごせていたのか、周囲に反省すべき点はなかったのかを調べることを主目的にすべきだ。日本のいじめ研究の第一人者、❺森田洋司《もりたようじ》氏がかねて主張するように、航空機事故や鉄道事故の調査を見習うべきだと筆者も思う。

第三者調査はここ数年、いくつもの自治体で混乱が生じている。青森県では2014年に八戸市の高校2年生女子が、2016年には上北郡の中学1年生男子が自殺。八戸市では、いじめ対策審議会が2014年にまとめた報告書を遺族が不満として、県の別の審議会が再調査し、2015年に報告書を公表した。上北郡でも、2016年に報告書が出たいじめ防止対策審議会とは別に、地元教育委員会の再調査が翌年にスタート。また2016年の青森市の中

❸この後6月に葛飾区は、いじめの定義はいじめ防止対策推進法2条に基づくこと、「社会通念上のいじめ」には当たらないとした行為をいじめに該当するとの見解を出した。

❹文科省のいじめ防止対策協議会（令和4年度）の論点整理メモでは「いじめの重大事態の調査の目的が不明瞭であるために、相互の認識や方向性が一致しない等の弊害が生じている」と課題をあげている。

❺2019年12月死去。

学2年生女子の自殺では、いじめ防止対策審議会の報告書原案に遺族が納得せず、任期切れを理由に委員全員を県外者に入れ替えた。昨年12月から審議が再開されている。

さらに、茨城県取手市では、市教育委員会が2016年、「いじめによる重大事態に該当しない」という前提に立って第三者委員会を設置したことで遺族が不信感を募らせ、昨年6月に委員会は解散。県主導の調査委員会が昨年12月に初会合を開いた。今年3月には取手市の教育長が責任を取って辞任している。

委員の人選を巡っては、学会などの推薦を得ることも行われているが、混乱が常態化すると、委員探しがむずかしくなり、調査もよりやりにくくなるという悪循環を生む。筆者もこれまでに何人もの遺族の話を直接聞いているので、その思いはよくわかるが、❻第三者調査の公平性の担保の仕組みを一から考え直す時期だ。

発達段階の問題も掘り下げたい

いじめ自殺の調査でもう一つ気になるのは、発達障害など子どもの発達段階における問題と自殺との関連だ。福井県池田町で教員の指導が原因となって生徒が自殺した事例では、第三者調査報告書が発達障害の可能性に言及した。診

❻いじめ防止対策協議会（令和4年度）では、第三者調査委員会の組織の在り方が議論されている。

断も受けていない場合に判断することがむずかしいことは重々わかるが、その可能性も含めた❼調査結果を示すことが、現場により幅広い対応を促せるのではないか。

前述の葛飾区の事例も同様だ。いじめが疑われた事実は、自殺当日の部活動の大会出場でのチーム決めの話し合いの場面だけである。

自殺した生徒だけがチームから漏れそうになり、生徒は目をつぶって動かなくなり、頭を下げてうずくまったままで呼びかけにも応じなくなった。このため、他の生徒によって、霧吹きで水をかける、ピンポン玉を当てる、生徒のジャージを下ろそうとするといった行為があった。

横になっていた生徒はその後、突然起き上がり、ジャージ姿のまま立ち去ったという。

報告書は、過去にも、葛藤があったときに「その場を去る、寝転がる、黙るという行動があった」としているが、同種の行動についての詳細の記述はない。子どもの成長過程における「葛藤処理能力」に触れ、大人は敏感であるべきだと指摘してはいるものの、物足りない。子どもの発達段階における問題と自殺の関係について詳しく調査、分析することが、今後のためにも必要ではないか。

❼いじめ防止対策協議会（令和元年度）で調査報告書の分析イメージが示されたが、その後現時点で進展はない模様だ。

不登校政策の先に見えるもの

2020年1月号

平成時代の4通知を廃止

文部科学省が2019年10月、「不登校児童生徒への支援の在り方について」と題した初等中等教育局長名の通知を出した。義務教育の段階における普通教育に相当する教育の機会の確保等に関する法律（教育機会確保法）が2017年に施行されて以降、不登校政策が動いている。

新たな通知では、1992年の「登校拒否問題への対応について」、2003年の「不登校への対応の在り方について」など、平成時代に出された4本の通知を廃止した。教育機会確保法は不登校の子どもたちの学校復帰を必ずしも前提としていない。その点で注目すべきは第13条だ。国や自治体に対し、当事者や保護者への情報提供や支援を求める前提として、「不登校児童生徒が学校以外の場において行う多様で適切な学習の重要性に鑑み」「個々の不登校児童生徒の休養の必要性を踏まえ」、「状況に応じた学習活動」が行われることを期待している。

文科省では、議員立法の形でできた教育機会確保法を受けて、教育機会の確保等に関する施策を総合的に推進するための基本的な指針[1]を策定した。また、法制化と並行して、不登校に関する調査研究協力者会議とフリースクール等に関する検討会議で議論もしてきた。

今回の通知は、二つの会議による法の施行状況の検討結果も踏まえ、「これまでの不登校施策に関する通知について改めて整理し、まとめた」とある。会議の議論で、指導要録上の出席扱いの記述について「法や基本指針の趣旨との関係性について誤解を生じるおそれがある」という指摘があったことが、新たな通知を出す契機になったようだ。

学校復帰を前提とせず

廃止されたなかで最も古い1992年の通知は、まだ「登校拒否」という言葉が使われていた。「登校拒否はどの児童生徒にも起こりうるものであるという視点」に立って、さまざまな配慮を促している。

しかし、出席扱いの要件としては、保護者と学校の十分な連携・協力関係を

[1] 「義務教育の段階における普通教育に相当する教育の機会の確保等に関する基本指針」(2017年3月)。

求めるだけでなく、教育委員会等が設置する適応指導教室等への通所や入所を前提とするなど、公が前面に出ていた。フリースクールなどの民間施設はあくまで例外的に「考慮されてよい」とだけ記した。さらに、通所や入所する施設は、学校復帰を前提とすると明記していた。

つまり、当初は出席扱いする施設は限られており、この規定はだんだん緩められてきたが、必ずしも現場に徹底されたとは言えなかった。

廃止された通知で最も新しい２０１６年9月の「不登校児童生徒への支援の在り方について」では、支援の視点として「不登校児童生徒への支援は、『学校に登校する』という結果のみを目標にするのではなく」「不登校の時期が休養や自分を見つめ直す等の積極的な意味を持つことがある」と述べていた。さらに、「❷フリースクールなどの民間施設やＮＰＯ等と積極的に連携し、相互に協力・補完することの意義は大きい」とも記していた。

同年12月成立の教育機会確保法を先取りした形だ。だが、出席扱いの要件には、「学校への復帰を前提」という記述が残ったままだった。

指導要録に積極的記載を

令和の新通知も、支援の視点の表記は２０１６年通知と変わらない。しかし、

❷後述するように、東京都世田谷区など自治体と連携した「公設民営」のフリースクールもでき始めている。

校長が出席扱いにできる要件について、「登校を希望しているか否かにかかわらず、不登校児童生徒が自ら登校を希望した際に、円滑な学校復帰が可能となるよう個別指導等の適切な支援を実施していると評価できる場合」と規定した。

さらに、新たな項目として学校外の公的機関や民間施設における学習の計画や内容がその学校の教育課程に照らし適切と判断される場合、「当該学習の評価を適切に行い指導要録に記入したり、評価の結果を通知表その他の方法により、児童生徒や保護者、当該施設に積極的に伝えたりすること」の意義を強調した。

また、児童生徒の置かれている多様な学習環境を踏まえ、その学習状況を文章で記述するなど、次年度以降の指導の改善に生かすという観点に立った適切な記載に努めることが求められる、としている。

積極的なＩＣＴ活用

新通知では、不登校児童生徒の一人一人の状況に応じた支援のなかで、ＩＣＴを活用した学習支援も強調されている。具体例として、❸民間業者の教材活用、パソコンで個別学習できるシステムの活用、在籍校の授業を自宅に配信して行う同時双方向型やオンデマンド型の授業配信まで示されているのだ。

❸これらは図らずもコロナ禍により実現を果たしている。

情報技術の進展が後押しする形で、遠隔授業が急速に普及しようとしている。しかも、国はＩＣＴを活用した一人一人の学習の個別最適化を唱えている。より幅広い学習が認知されつつある時代と言えよう。

伸び幅増、不登校予備軍も

文科省の集計によると、不登校の小中学生は、❹２０１８年度で16万４５２８人（小学生４万４８４１人、中学生11万９６８７人）で、少子化にもかかわらず、６年連続で増え続けている。小中とも前年度に比べて１万人前後の増加で、伸び幅自体も大きくなった。この傾向は、不登校に関する政策の変化とも無縁ではない。

また、日本財団が２０１８年にまとめた「不登校傾向にある子どもの実態調査」によると、中学生の不登校予備軍は少なくない。

文科省の定義である年間30日には満たないが、一定期間学校に行っていない、校門・保健室・校長室等には行くが、教室には行かない（教室外登校）、遅刻や早退が多く、授業に参加する時間が少ない（部分登校）、心の中では学校に通いたくない、学校が辛い・嫌だと感じている（仮面登校）などを足し合わせると、推計約33万人に達するというのだ。

❹２０２１年度は24万４９４０人（小学生８万１４９８人、中学生16万３４３２人）。９年連続で増加している。「新型コロナウイルスによる感染回避」も５万９３１６人に達した。

多様な学びの場知る必要性

❺学校法人角川ドワンゴ学園は、通信制のN高に続いて、通信制のN中等部を作り、注目を集めている。異学年を一緒に教育することが大きな特徴のイエナプランの教育も、長野県に私立小学校が誕生、❻公立学校でも関心が高まっている。

フリースクールの老舗「東京シューレ」が、東京・葛飾の私立中学校だけでなく、2020年度、東京・江戸川に私立小学校も開設する。東京・世田谷の「ほっとスクール希望丘」も「東京シューレ」の運営だが、公設民営方式で、適応指導教室とフリースクールの垣根を取り払ったと言えるだろう。

不登校の児童生徒の増加は、既存の学校ですべての教育を賄うことの限界を示している。時代は変わり目に来ているのだ。

教員、とりわけ管理職が、不登校の子どもたちが学ぶ施設の実態を知る重要性がより増してきたことは間違いあるまい。

❺2021年にはS高を設立している。

❻2022年4月に公立学校初となるイエナプラン教育校「福山市立常石ともに学園」が開校している。

ミスター・コミュニティ・スクール

貝ノ瀬 滋さん（三鷹市教育長）に聞く――

コミュニティ・スクールの原型を作ったとも言える東京都三鷹市で長年、教育長を務めてきた。コミュニティ・スクールの拡大は、この人抜きには考えられない。文部科学省の参与や政府の教育再生実行会議委員も経験し、この政策を引っ張る存在だ。制度の広がりとともに地域と学校の関係がどう進化していくのかを知りたいと思った。

かいのせ・しげる●1948年生まれ。北海道出身。東京都公立小学校長を経て、三鷹市教育長、教育委員会委員長を歴任。政策研究大学院大学客員教授、教育再生実行会議委員、文部科学省参与などを務め、2019年7月より再び三鷹市教育長に就任し現在に至る。主な著書に『図説 コミュニティ・スクール入門』（一藝社）。

半数に迫り、これからどうなる？

２００４年に制度化されたコミュニティ・スクール（学校運営協議会制度）は、２０１７年の地方教育行政の組織及び運営に関する法律（地教行法）改正によって、設置が教育委員会の努力義務となった。２０２２年には1万5千校を超え、全国の公立学校の４割強、義務教育の学校に限ると5割に迫っている。その後、この政策はどう動いていくのか。文科省の「コミュニティ・スクールの在り方等に関する検討会議」が２０２２年3月に最終まとめを出している。まずそのポイントを聞いた。

「努力義務の次は設置の義務化を想定される向きもあったかと思いますが、そうなりませんでした。コミュニティ・スクールの導入に向けた計画づくりを、未設置の学校すべてで強く要請するという内容になっています。設置を目指して教育委員会にロードマップをつくってもらうということです」

「また、コミュニティ・スクールと地域学校協働活動が一体的に推進されるということが明記されました。そのためのアドバイザーが全国の都道府県に配置されることになります」

コミュニティ・スクールの設置が努力義務化されたとき、同時に社会教育法も改正されて「地域学校協働活動」が提起された。以前は「学校支援地域本部」と呼ばれていた組織が「地域学校協働本部」となり、コミュニティ・スクールと合わせて学校運営の車の両輪になった。「地域学校協働活動は地域と学校がパートナーとして一緒に子どもを育てていこうということで、学校支援地域本部事業の発展形と言っていい」と貝ノ瀬さん。

「この活動に取り組んで補助金をもらっている自治体が6、7割ぐらいある。いままでコミュニティ・スクールをやっていなくても補助は受けられたのが、コミュニティ・スクールを導入済み、または導入に向けて具体的な計画づくりがされているところ、されるところに補助金を出すことになります」

一体的な運営のための誘導策ということだろう。必置にすべきだという人はいなかったのか。「私自身、もう必置にしてもいいかな、必置にしないと進まないかなと思って会議に臨んだ」という。ただ、「設置している学校がすべて制度を正しく理解しているとは言えないなかで義務化を進めると、形骸化が進んでコミュニティ・スクールを始めた意義が飛んでしまう。制度理解という足固めをしながら拡大を図っていくということをもう少し続けた方がいいという判断になりました」。義務化は次の段階ということだ。

制度への理解は不十分

全国に広がったコミュニティ・スクールだが、統計上、福井県には2021年度まで1校もなかった（現在、5校が導入済み）。ほかにも、県の名前を冠して「○○型コミュニティ・スクール」を名乗る地域では、法律で定めたコミュニティ・スクールの割合が少ない傾向にある。

「制度への誤解があるようです。正しい理解について文科省にも努力が必要です」

貝ノ瀬さんはやはり、法律が規定する制度にこだわる。

「この制度を、地域の代表と学校運営について懇談をしていくなかで学校をよりよくしていく、地域との連携を強化して信頼関係を醸成していくものだと思っている学校が相当多い。それも大事ですが、それ以上にいわゆるガバナンスの強化ということが忘れられ、薄められています。学校運営協議会制度は、責任とか統治の在り方について、地域の皆さんに納得してもらいながら学校改革を進めていく仕組みです。きちんとした説明責任、アカウンタビリティが求められていく。しっかりとした熟議も必要。単なる懇談会とか意見交換会というようなものではないわけです」

法律では、学校運営協議会の機能の最初に、校長は学校運営の基本方針について「承認を得なければならない」と規定されている。

「『承認を得なければならない』というのは非常に重い言葉です。学校を経営する側が、教育課程に対する考え方や教育観をしっかり持って地域の方々に説明し、納得して承認をしてもらう。そういう関係のなかで教育を進めていくからこそ、地域の人たちが身銭を切ってまで協力してくれるんです。その辺があいまいになって、ただ報告、連絡、話し合いだけでは、本来のねらいとは違ってくる。この機会にしっかりとあるべき姿を確認してもらい、国も教育委員会も理解促進を図っていく必要がある。ただ（コミュニティ・スクールが）増えた、増えたと喜んではいられません」

ここで、制度の根幹を確認しておく。法律に定められている学校運営協議会の機能は三つ。前述した学校運営の基本方針の承認に加えて、学校運営に関して教育委員会や校長に意見を述べることができ、学校の教職員の採用などの任用に関しても、任命権者に意見を述べることができることになっている。

任用については2017年の改正で、「教育委員会規則で定める事項について」という言葉が加えられた。もともと、個別の教職員に対する意見が出せるという意味ではなかったが、「校長の教職員に対する具申権、市町村教育委員会の都道府県教育委員会に対する内申権が疎かにされるのではないかという誤解があった」という。しかも「いまだに、誤解したままストレートに教職員の人事について意見を出すことができ、聞かなければならないと思い込んでいらっしゃるところが相当数あるようです。学校運営協議会の規則で、教職員の任用に関する事項を外している自治体が相当数ある。『学校の運営に関して承認を得なければならない』という機能の一つも、自治体によっては表現が違う」。

制度理解が進まないのはなぜか。

「一つは、すでに地域とは連携して信頼関係が確立しているから屋上屋を重ねる仕組みはいまさらいらないという理由。学校評議員制度も先にできていたので、地域の意見は吸い上げているから、これも屋上屋を重ねることになると。もう一つは、誤解したうえで、教職員の人事に口出しされるのは嫌だという理由ですね」

それだけに制度理解の浸透が欠かせないことになる。文科省にはすでにコミュニティ・スクール推進員（CSマイスター）が37人いる。2022年度からは各都道府県に1人はCSアドバイザーも置かれ、2023年度には増員も企図されている。ただ、こういう人たちも、地元にいないと有効に機能しない可能性は高い。

「そうなんですよ。やっぱり実情がわかっていないと。ただ建前だけ言ってもね、なかなか受け入れてもらえないだろうというのはあると思います」

もう一つ、貝ノ瀬さんは、民主党政権時代に議論になった教育委員会廃止論を口にした。これも制度理解が進まない理由の一つだとみる。「コミュニティ・スクールがすべての自治体に普及すれば、イギリスのような学校理事会制度に切り替え、首長の直轄で教育を進めることができ、学校理事会の権限を強化して地域の代表が教育委員会の仕事を代替していくという考えです。いまの教育委員会制度は形骸化していて、教育委員はお飾りだと。そういう議論も結構盛り上がったことがありました。そのころの議論を知っている方は、コミュニティ・スクールの拡大は、教育委員会がなくなることにつながるのではないかと危惧をして、あまり積極的になれないという方もいらっしゃる」

貝ノ瀬さん自身は「教育委員会制度が必要だと思います。教育委員会制度を維持したまま、日本型のコミュニティ・スクールを進めればいい。政治的中立は建前だと言われても柱を立てたほうがよいと思います」という立場だ。筆者も、学校理事会的な仕組みは日本ではむずかしいと思う。

筆者もいま学校運営協議会長をやっている。その自治体では全市立小中学校がコミュニティ・スクールになったが、委員への研修はなく、教育委員会が動いているという情報もない。

「それは全国的な傾向ですね。最近、校長になった人も、なんでコミュニティ・スクールが始まったかまったくわかっていません。学校運営協議会の委員だけでなく、校長や教員に対しても、研修という形じゃなくてもいいので絶えず伝えていくことが必要です」

俗に「なんちゃってコミュニティ・スクール」と呼ばれる学校を見てしまうと、意味がない、必要ないと思ってしまう。悪循環である。

「だから人によっては、必置にして形から入って、研修の体制も義務化にふさわしい体制をつくってやっていくのもいいのではないかと考える方もいます。浸透するのを〝百年河清を待つ〟のはどうなのかと。一理ありますが、やはり実態が十分じゃないなかで必置というのは国民の理解は得られないんじゃないかと思いますね。もう少し頑張らないと」

地域学校協働本部の活動もコミュニティ・スクールの中に取り込んだうえに、学校関係者評価もやる自治体も少なくないようだが、欲張りすぎだと筆者は思う。評価について教育委員会の説明資料は通り一遍の自治体が少なくないようだ。文科省で学校評価の調査研究協力者会議の委員の一人としてガイドライン作りの議論に関わった経験があるから、忸怩《じくじ》たる思いがある。

「民主主義に必須の仕組み」

貝ノ瀬さんは、地元の三鷹市の学校運営協議会についても触れた。まず会議の回数。

「役割を果たしていくには、最低月1回は必要かと思いますね。三鷹の場合は月1回か2回やってもらっています。月1回でも2回でも報酬は変わらない」。そして「卒業式や入学式でも会長に挨拶してもらっている。そういう意味では地域の名士になってもらう。クレーマー対応も期待しているわけです。校長の処理できないようなクレームに対して、学校運営協議会の方で話し合ってもらって、校長と学校運営協議会長の連名で反論なり拒否なりすると威力がすごい」。

クレーマーへの対処の効果は、筆者もコミュニティ・スクール第1号だった東京都足立区立五反野小学校で昔聞いたことがある。制度をうまく使えば、メリットはいろいろある。

「その意味で情報交換や研修の場は、国や都道府県が用意してほしい。東京都教育委員会は、地域学校協働本部の活動の方は熱心だけど、学校運営協議会には力が入っていない」

「私に言わせると、民主主義を進めていくうえで、学校運営協議会は必須の仕組みです。地域住民は学校のオーナーでもありマネージャーでもある。教育委員会が間に入っていますけど。そして納税者でもあります。こういう人たちの要望や願いを校長が直接聞いて、学校運営に生かしていくのは当たり前だと思います。確かに教育の素人からいろいろ言われると、うっとうしいのも無理はないと思いますが、そこは懐を深くしてほしい」

そこで貝ノ瀬さんがあげたのは教育以外の世界の変化だ。企業には社外取締役を置くことが義務づけられ、裁判所には裁判員制度が導入された。医師も患者の理解を十分に求めるインフォームド・コンセントが必要とされている。

「とくに専門職には自分を戒め、ガバナンスをしっかりと取っていくことが求められる時代です。それは、自分のためでもある。自分自身をしっかりと律してやっていくといううえでの担保だと思います」

「地域を巻き込み、地域みんなで取り組んでいるということは、何かあれば地域みんなの責任となります。地域には知らせない、保護者には知らせないで勝手に処理して失敗していたら、それは学校の責任でしょうということになりますよね。プライバシーの問題もありますが、できるだけ情報を共有しながら自分を律していくことが必要。それは民主主義の基本じゃないかなと思います」

学校も地域も当事者として自覚が求められている。

学校運営協議会の立ち位置と効果

学校が批判されるようなトラブルがあると、学校運営協議会の立場は悩ましい。地域にもいろいろな意見があって、当事者もその地域にいるからだ。

「仕組みとしては、学校運営協議会の会長も委員も、校長が委嘱や依頼するんじゃなくて、教育委員会が非常勤特別職として委任している。学校評価をする場合も、学校関係者評価だけでなく第三者評価の側面もある。学校で何か課題が生じた場合には、関係者であると同時に第三者の立場として客観的にファクトを追い求めなきゃならないと思う。そのうえでの独自の判断はあると思うんですよ。初めから学校側につくとか、保護者側につくとかいうんじゃなくて、第三者の立場を強調した方がいい。市民の代表で教育長に委任されている立場で考えればいい」

その意味では、教育委員会が協議会とコミュニケーションをとってほしい。数が増えれば増えるほど、この点は重要になってくるはずだが、見落とされている点ではないか。

一方、学校は全国的に小規模化して統廃合の問題も増えている。その場合に、学校運営協議会の役割に期待が集まる。そういえば、かつて貝ノ瀬さんの故郷である北海道三笠市のコミュニティ・スクールを訪ねたことがある。旧採炭地の宿命だが、10年ほど前の当時ですでに人口は約1万人まで減り、小中一貫の学校運営協議会ができていた。

「いまの子どもの数で学校で教育を進めていくには活力がなくなるし、進級しても人間関係が固定化して、中学までずっといかなきゃいけないという問題があったりして、学校を再編することが必要だと、地域の代表である学校運営協議会から意見や提案が出されたほうが統廃合は進めやすいですよね。京都市はその方式でやったんです。親たちがいまのままではだめだからと、納得して統合された」

「自分たちの学校の子どもたちのことを当事者として真剣に考えてもらうという意味ではいいことなんじゃないかと思います。教育委員会の発案で機械的に、この人数だからダメだと上意下達で統廃合しようとすると絶対失敗します。コミュニティ・スクールはどんな切り口からやっても非常に有効な仕組みだと思いますね」

「いじめ問題なんかもそう。いじめは起きてしまうと解決がむずかしいし、命が絶たれたとなると取り返しがつかないから、予防が非常に重要です。地域ぐるみ、家庭も含めて問題行動が発生しないような教育をどう進めるかを真剣に、学校任せでなく考えてもらう。そういう仕組みとしてコミュニティ・スクールも相当に大事だと思います。家庭の役割とか、親の役割とかいつも強調してもらい、声を出す、助けてもらうのもいいんだっていう、そんな風土を作っていくにも、コミュニティ・スクールはいい仕組みです」

「学力向上で言えば、学校の先生だけでは手が回らないということなら、地域の方が専門家ではなくてもお手伝いができる。学校だっていろいろ課題も問題もあるので、辛口の意見も取り入れる仕組みが大事。いつもイエスマンばかりの仕組みを作ってもしょうがないです。それが民主主義の基本だと思いますけどね」

確かにさまざまな使い方がある制度だ。

「だからコミュニティ・スクールを大事に機能させていくということを、不断に国も都道府県も教育委員会も学校もやらなくちゃいけないと思います」

学校運営協議会の委員は「専門家じゃなくていい」

学校運営協議会の委員の発掘も悩みのタネだ。

「全国平均では1校の学校運営協議会のメンバーが15人前後。少ないところは6人くらいの村もある。身の丈に合った人数の委員を選べばいい。学校運営協議会の委員は、校長と対等に話ができる人をイメージして、先生とかお医者さんとか弁護士さんとかを想定しがちですけど、普通の市民の声こそ大事。レイマンコントロールが必要とされる教育委員会と似てますけど、教育の素人（レイマン）の素朴な願いというものが必要だと思うんです。裁判員制度が無作為抽出でやっているのと同じように、どなたでもいいんですよ。専門家じゃなくていい」

「漁業や農業など、その道でしっかり生きている人の尺度、考えを子どもの育ちに生かしていくのもコミュニティ・スクールだと思うんですよね。そういう意味ではインテリじゃなきゃいけないじゃなくて、一般の普通な人たちに入ってもらうという発想が必要です。校長先生様という人たちだけ集めちゃうと困る。少し違った観点から言ってくれるような、変わったような人も入っていい」

委員の公募という選択もあっていいのだ。

さてここからが重要なポイントだ。「そのためには地域の人材を知ることが大切ですね。外に出ていろいろな人と知り合うとか、たまには新年会や町会に顔を出して情報収集したりして人材を発掘する。おこがましい言い方ですけど、育てていくという観点も必要です。コミュニティ・スクールは学校側も市民の側もお互いに成長していく仕組みだっていう人もいるんですよ。校長自身も学校の教員も人間として成長していく部分については、第一次産業で一生懸命やっている人たちの生き方・考え方・発想というものをいただく。なおかつ教育の専門家としての矜持も忘れずにお伝えするところはお伝えして、お互いに胸襟を開いてお互いに成長していく、そういう姿勢でいればきっといろんな人が学校の周りに集まってくるんじゃないかと思いますね」

「敷居が高いと敬遠されてしまう。ざっくばらんに人とコミュニケーションをとれる人が教育者の資質としてこれから求められると思うんですよね」。ここに管理職の資質の変化を感じる。「いい人っていうのは静かに隠れてる。俺が俺が、ではない人をいかに見つけるか。そのためには地域を好きになり、いろいろな人と交流していなきゃいけないということです」。

学校運営協議会委員の人選については、最初に触れた報告でも「大学生等の若い世代、障害者等幅広い人材から選出することや男女のバランスにも留意が必要である」といった記述もあって、多様化が求められている。児童生徒の参画についても、「必要に応じて児童生徒が学校運営協議会にオブザーバーとして参加して熟議を行ったり、校則の見直しなど児童生徒自身や保護者、地域住民等の理解を求めるような事項について生徒会等で熟議を行い、その結果を学校運営協議会で協議したりするなど、今後、児童生徒が学校運営協議会に関わることで、主権者意識の醸成にもつながることが期待される」としている点にも筆者は注目している。

「来年度、こども家庭庁が発足する。今後、いじめ、虐待、子どもの貧困など児童生徒を巡る課題に対応していくうえで、多くの関係機関との連携が不可欠。子どもの最善の利益実現のためにも、コミュニティ・スクールの役割はますます大きくなります」

ともかく。「学校運営協議会の委員がインテリばかりだと話が偏ってきます。市井の人、とくに第一次産業の人たちを避けるような傾向があるみたい。いろんな方を許容していく懐の深さは、人を教え導く立場の人はやっぱり身につけておかなきゃだめでしょうね。自分の間尺に合った人とばかり付き合うのではなく、自分に反対するような人とも付き合って、自分になんか足りないとこがあるのかなと振り返るきっかけにするような、人間的に大きな人が指導者・教育者になってもらいたいと思いますよね」。

最後は管理職の器の話と受けとめた。

コミュニティ・スクールの広げ方

2015年5月号

再生会議提言の誤解

政府の教育再生実行会議が、3月にまとめた第六次提言の報道には少し驚いた。「❶全ての公立学校にコミュニティ・スクール（学校運営協議会）制度を導入することをめざす」とあったからだ。

コミュニティ・スクール（以下、CSと略す）は2004年、地方教育行政の組織及び運営に関する法律（地教行法）の改正で盛り込まれた。制度化から約10年が経過したことになる。2017年度までの国の第2期教育振興基本計画では、全公立学校の1割（約3千校）に増やす目標を掲げているが、2014年4月現在、❷1919校だ。

どういうわけか西日本には積極的な自治体が目立つ。一方で、当初は東北や北海道での指定はほとんどなかった。現在でも、京都市や岡山市、島根県出雲

❶その後2018年の「第3期教育振興基本計画」においても、全公立学校に学校運営協議会導入を目指す旨が示された。

❷2022年度のCS設置校数は15221校となり、導入率は42・9％となっている。

市、東京都の世田谷区や三鷹市といった、特定の自治体で数を稼いでいる状態は変わらない。

指定するのは教育委員会だが、地域が納得したうえで指定を受けてこそ、この制度は生きてくる。まだなじみのない地域が少なくないうえに、現在指定されている地域にさえ、住民の多くが制度のことを知らず、形だけ整えた学校がないとは言えない。俗に「なんちゃってコミュニティ・スクール」と揶揄《やゆ》されるゆえんである。

しかも、報道では、全校に広げるために、職員の任用について意見を述べる規定を外すような法改正もありうるという書き方がしてあった。それでは、「なんちゃって——」が増えるだけではないかと思った。

しかし、実際に提言をまとめた東京都三鷹市の貝ノ瀬《かいのせ》滋《しげる》教育委員（元教育長）に確かめると、事情が違っていた。法律をよく読めば、人事規定を外す必要などないというのだ。

「人事に意見」は義務ではない

まず、CSの制度をおさらいしておこう。

地教行法は47条の5で学校運営協議会を置くことができるとしている。協議会の役割は三つある。①校長の学校運営の基本方針を承認すること、②教育委員会や校長に対して学校運営に関する意見を述べること、③任命権者に対して職員の任用について意見を述べることだ。

しかし、基本方針の承認だけが「校長は……学校運営協議会の承認を得なければならない」という義務規定で、②③は「述べることができる」という任意規定になっている。つまり、人事に関わる規定がハードルになっているから法改正して外すという理屈が成り立たないことになる。現実に、この規定を持たないCSが4分の1ほどあるようだ。

スタート時のトラウマが影響か

しかし、人事規定は、制度導入時から学校関係者の心配のタネだった。CS第1号となった東京都足立区立五反野小学校での校長交代劇がトラウマになっているようにも見える。筆者は当時、1年で交代させられた元校長のもとにも足を運んで解説原稿を書いている。

交代は、校長と、読み書き計算の基礎学力を重視させたい協議会との学力観の違いが影響していたように思う。また、同小では、CS制度のモデルとなった英国ばりに、学校運営協議会を学校理事会と称して強い権限を持たせていた。

それが「教育関係者、とりわけ区内学校長のCSに対する意識を硬直化させた」と、足立区教育委員会では見ている。

実は2年前、❸同小は統廃合で姿を消している。区教育委員会は統合後の学校をCS指定していない。校長の交代以降は、文字どおり、地域が運営に参画する学校として成果をあげていると見ていただけに、個人的には非常に残念だ。

日本大学文理学部による全国調査では、「任用に関する意見申し出で人事が混乱しないか」という懸念が指定前には一定数あっても、指定後はほぼ解消されていた。また、実際に人事に関する意見があったCSは16％ほどで、そのうち「教員の任用に関する一般的要望」が64％を占め、次は「特定の教員を転出させない要望」だった。案ずるより産むが易し、ではなかったか。

地域本部などとの一体的推進

現状の課題はむしろ、❹学校支援地域本部など、学校に関わる他の組織や制度との調整だ。CSだけでなく、地域住民や保護者が学校運営や教育活動で意見を述べることができる合議体は全国で3千を超え、文部科学省の補助を受けた❺学校支援地域本部は9千校近くになる。

文科省の「コミュニティ・スクールの推進等に関する調査研究協力者会議」

❸統合後の学校（足立区立足立小学校）では「開かれた学校づくり協議会」が組織されている。

❹2015年12月の中央教育審議会答申により「学校支援地域本部」などの活動をベースに「地域学校協働本部」として発展させていくことが示され、2017年4月の社会教育法の一部改正により「地域学校協働活動」が規定された。

❺後継の地域学校協働本部の数は12333本部。全国の公立学校において地域学校協働本部がカバーしている学校数は20568校となっている（2022年度）。

は、3月に報告をまとめた。そこでは、❻形骸化も指摘される学校評議員をCSに移行するよう促す、CSの機能として学校支援活動等の総合的な企画・調整の機能を明確にする、CSと学校評価制度を有機的に組み合わせて一体的に推進する――といった提言をしている。

一方で、提言には、人事に関する意見の扱いについて、「適切な理解を促す」とともに、「柔軟な仕組みの在り方の検討」も盛り込まれている。人事規定に関する抵抗が強いなら、「任用等に関する意見を主活動に位置づけない運用から始めるなど、段階的に」という提案である。

地域づくりの核に

人口急減社会のもとで、地方創生が求められる時代である。教育再生実行会議の第六次提言も、「『学び続ける』社会、全員参加型社会、地方創生を実現する教育の在り方」がテーマになっている。

地域社会を取り巻く現在の環境を考えると、この提言が示すように、コミュニティ・スクールの制度が「学校を核とした地域づくり（スクール・コミュニティ）」に発展していくことが望ましい。現実に、地域が学校を支援し、学校が地域を頼りにするだけでなく、地域にマッチした学校の教育活動が、新たな

❻2022年の「コミュニティ・スクールの在り方等に関する検討会議最終まとめ」や2020年の「コミュニティ・スクールのつくり方」でも繰り返し述べられている。

形の地域を作っていかなければならない。

すでに、CSの制度によるかどうかにこだわることなく、地域の名前を冠した○○型のコミュニティ・スクールが、全国的に広がろうとしている。長野県では「信州型コミュニティスクール」を標榜しているし、❼山口県では下関市をはじめ、全県的に指定が急速に進んでいるようだ。

前述の足立区も、権限の強い「理事会」ではなく、元々あった協議会組織との整合性を図った形で指定を進めている。

すべての学校のCS化を目指し、CSの仕組みを必置とするのは、これらの動きを見極めたうえでのことだろう。すぐに法改正が準備される状態にはなっておらず、必置化は、されるとしても、しばらく先の話になる。

必置化が実現するとなったら、次は英国型の学校理事会制度が想起される。ただ、これは教育委員会制度の廃止という、教育界の〈劇薬〉とも絡んでくる。日本社会になじむかどうかは未知数で、慎重に検討されるべきだろう。

❼2020年度に県内全公立学校のコミュニティ・スクール化を達成している。

三つの答申とコーディネーター

2016年3月号

共通項は「いかに連携するか」

文部科学省の中央教育審議会は2015年12月、三つの答申をまとめた。①これからの学校教育を担う教員の資質能力の向上について~学び合い、高め合う教員育成コミュニティの構築に向けて~、②チームとしての学校の在り方と今後の改善方策について、③新しい時代の教育や地方創生の実現に向けた学校と地域の連携・協働の在り方と今後の推進方策について、である。

答申①はサブタイトルの「教員育成コミュニティ」という言葉に注目したい。ポイントの一つは、教育委員会と大学などが教員の育成指標を協議し、養成や研修の内容を調整する❶「教員育成協議会」(仮称)を、都道府県や政令指定都市の教育委員会単位で設置することを求めた点である。

この問題は、これまでも繰り返し重要性が指摘されてきたが、答申には、教

❶2016年11月の教育公務員特例法改正により「任命権者は(中略)協議会を組織するものとする」と規定された(22条の5)。

育委員会と大学の連携を、より実質的なものにしようというねらいがある。

答申②では、学校が組織として教育活動に取り組むことを促そうとしている。これも従来から言われてきたことだが、そのために、スクールカウンセラー（SC）やスクールソーシャルワーカー（SSW）という心理や福祉の専門家、さらに専門機関と連携し、役割を分担することで、学校の機能強化を図ろうとしている。❷さまざまな職種の法的位置づけを明確にするよう求めた点が大きな特徴である。

答申③では、全国の公立学校のコミュニティ・スクール化を視野に置くとともに、従来の学校支援地域本部を「地域学校協働本部」に発展させていこうと提言している。学校に対する〈支援〉を、地域と学校の〈協働〉に切り替えるというのは、これまでとは位相が変わることを意味すると言っていいだろう。

三つの答申の共通項を、あえてひっぱり出せば、「いかに連携し、協働するか」になる。連携・協働には、何よりもコーディネーターの役割が重要になる。

養護教諭の役割と特別支援

この視点に立って答申を読むと、答申①の教員育成協議会をコーディネートするのは文科省になるのだろうか。現状における教育委員会と大学の連携は地

❷SC・SSW・部活動指導員は2017年4月に、医療的ケア看護職員・情報通信技術支援員・特別支援教育支援員・教員業務支援員は2021年8月に法制化された。

域によってかなり濃淡がある。そのコーディネート役が想定しにくいところに、この協議会の動かし方のむずかしさがあるように思う。

答申②では、学校内のコーディネーター的な役割をする職の一つとして、まず養護教諭に注目した。教諭とは異なる専門性に基づき、健康面だけでなく生徒指導面でも大きな役割を担っているからだ。健康診断、健康相談で学校医や学校歯科医、学校薬剤師との調整を図り、食に関する指導では栄養教諭や学校栄養職員と連携している。SCやSSWとの接点も少なくないはずだ。答申は国に対し、複数配置の基準引き下げも検討すべきだと述べている。

次に、特別支援教育コーディネーターの存在をあげている。校内や福祉、医療などの関係機関との連絡調整を担うとともに、保護者に対する学校の窓口ともなる役割だ。特殊教育から特別支援教育への転換が打ち出されてすでに10年以上が経過しており、公立小中学校に関する限り、ほとんどの学校でコーディネーターが指名されている。

今回の答申でも、「校務分掌への明確な位置づけ」に触れているが、❸問題は実際に誰が担当するかだろう。生徒指導主任や教務主任の指名が多いとされるが、学級担任を持つケースも多いようだ。コーディネーターとしての時間がどれだけ割けているのか、実態も知りたい点だ。

このほか、答申②では、特別支援学校の高等部や高校での就職支援コーディ

❸文科省の「特別支援教育を担う教師の養成の在り方等に関する検討会議」の報告（2022年3月）では「学校全体を見渡し、外部の関係機関とも円滑に調整・連携を行うことができる立場又は資質能力」を求めている。

ネーターの必要性も指摘している。

地域との協働のために

さらに答申②と答申③は、コーディネーターという言葉こそ使っていないものの、❹地域連携担当教職員（仮称）を法令上、明確に位置づけることとの検討も提言した。この役割を担う立場の教職員として、社会教育主事の有資格者の活用にも触れている点に着目しておきたい。

文科省の調査では、地域との連携・協働を担う教職員を校務分掌に位置づけている学校が約7割あるとされるが、学校が組織として連携・協働していくうえで、地域連携を担当する教職員の重要性は高まる一方だと思う。この役割を事務職員が担うこともぜひ視野に置いてほしい。

地域連携担当の教職員と対になるのが❺地域コーディネーターである。答申③では、コーディネーターの役割を担える人に、❻コミュニティ・スクールの学校運営協議会の委員として参画してもらうことが有効だとも指摘している。

そもそも、委員の確保がむずかしいという声に対して答申は、「地域には学校に協力的で、子供たちとの関わりに熱心な人材は少なからず存在する」と指摘。将来の委員候補の例として、「学校行事に積極的に参加・協力している人、

❹現時点で法制化はなされていない。

❺2017年4月の社会教育法一部改正により、「地域学校協働活動推進員」として規定された（9条の7）。

❻2017年4月の地教行法改正により、学校運営協議会の委員に地域学校協働活動推進員を任命することが規定された（47条の5）。

地域イベントの実施に携わり子供たちの育ちを見守る人、ＰＴＡの役員」をあげた。

管理職には、そうした人材の目利きが欠かせないということである。ただし、そうした目利きを有効にするには、❼校長の1校での在任期間をもっと長くし、腰を据えて取り組めるようにすべきではなかろうか。

また、答申③では、地域人材を校内に配置する例にも触れている。文科省では2016年度予算で、学校運営協議会の運営業務を担う地域人材としてＣＳディレクター（ＣＳはコミュニティ・スクールの略）の配置も予算化した。さらに、実践経験者の校長や地域人材であるＣＳマイスターの派遣を受けるという方法で、コミュニティ・スクールを活性化させる方法も示されている。

❼荒瀬克己さんも同様のことを述べている（18頁）。

担うのは誰なのか

答申そのものとは別だが、「教育相談等に関する調査研究協力者会議」では、教育相談のコーディネーターも必要だという議論になった。

特別支援教育コーディネーターの役割とダブる部分があるかもしれないし、養護教諭などが関わることになるのかもしれない。学校サイドの委員からはその場で、コーディネーターの必要性を認めつつも、「実際に学校の中で誰が担うのか。これ以上、教員の負担が増す形にはできない」といった指摘があった。もっともな指摘だと思う。

繰り返しになるが、学校教育のさまざまな場面でコーディネーターの必要性が高まっている。養護教諭や❽学校事務職員の役割を再考し、地域人材を見極め、社会教育主事の有資格者を意識したい。

そして、もう一つ忘れてはならないのは、教育委員会の指導主事の役割だろう。この職について徹底的に考え直すことで、新たな活路が生まれるのではないかと思っている。

❽2017年4月の学校教育法一部改正により、事務職員の職務規定が「事務に従事する」から「事務をつかさどる」に変更された(37条14項)。

▼特別対談

氏岡 真弓さん（朝日新聞編集委員）と教育取材を振り返る

朝日新聞の編集委員、氏岡真弓さんは、筆者の中西とほぼ同時期に教育専門記者となり、いまも現役の教育記者である。そのキャリアは約四半世紀。学級崩壊を巡るキャンペーンをはじめ、教育問題を捉える切り口のするどさには定評がある。さまざまな取材先で出くわし、「えっ、ここにも！」と驚くこともたびたび。ただ、教育取材についてじっくりと話すのは初めての機会となった。

普段はあまり知ることのない教育記者の仕事や教育取材の在り方、そして教育記事の読み方などを大いに語っていただいた。（司会：教育開発研究所編集部）

うじおか・まゆみ●1961年生まれ。岡山県出身。1984年朝日新聞入社。水戸、横浜支局、社会部、論説委員室などを経て現職。教育分野を担当している。共著に『学級崩壊』（朝日新聞社）、『いま、先生は』（岩波書店）、『脱「学級崩壊宣言」』（春秋社）、『失敗だらけの新人教師』（大月書店）など。

教育記者と教育行政記者

氏岡　教育記者には、現場取材に力点を置く、狭い意味での「教育記者」と、行政の動きを追いかける「教育行政記者」がいると思います。ここでは、教育記者と教育行政記者のどちらに軸足をおけばいいのかなと思っていて、文部科学省の記者クラブの話をすると、教育行政記者の話になる気がします。中西さんのゆとりの本①を読んでいておもしろかったのは、ゆとり教育真っ盛りのときには、私は教育行政記者じゃなかったので、視点の違いを感じたんですね。

中西　私はあの時代、主に行政を回っていて、「教育ルネサンス②」のころから現場中心です。

氏岡　私が社会部の教育班で取材を始めたのが1996年末くらいからで、最初はいじめや不登校や学級崩壊を取材していて、学校現場を見れば見るほどゆとりは必要だなと思った。ところが教育社会学会の研究者らから、自由にやればやるほど格差の問題、家庭の教育力の差などの問題も出てくるというデータを次々示され、そこは見てなかったなという反省があったんですね。それで、学力低下の話をフォローし始めたという感じです。

中西　私自身も1990年代の終わりくらいはまだ教育記者としての経験が浅く、視野が狭かったと反省しています。あの時点でどこがおかしいかを指摘していれば、ゆとりを巡るあんな大混乱は起きなかったんじゃないかって気もするんですね。

氏岡　一方で世論の大きさもありました。学校は詰め込みだし、子どもたちは勉強、勉強っておしりをたたかれて大変だと。そういうムードは、日本が働きすぎだという社会の一つの空気とシンクロしていた。また、日本の経済が下り坂になってきて、大人たちの不安感が学力低下の議論に影響していたと思います。報道が世論に影響を与えることもあると思うけれど、報道が世論に響くかは、社会の空気も影響していたはずです。

中西　働きすぎだと言われることは勉強しすぎとつながりやすかった。世の中の空気をつかもうとするメディアは、ある意味で、右へ行ったり左へ行ったりするのが特性でもあります。

氏岡　ただ、格差の問題だけは自分の視野からすっぽり抜けていました。家庭の教育力の問題などをもっとリアルに考えてみるべきだったなって、苦い思いを持って振り返ります。

中西　学校週五日制で土曜日の受け皿はどうするんだと耳にタコができるくらい聞きましたが、さらに掘り下げて取材すればフォローされない子のことがわかったはずでした。それと、記者クラブにいると、山手線の外に取材に出るのに決断が必要なほど忙しくて、現場を見ないまま原稿を書かざるを得ないということは常に起きる。まさに教育行政記者と現場を見ている記者が相互に影響しあう関係が大事だという気がします。

氏岡　急に記者会見が始まったりしますからね。記者クラブの記者はそこにいてなんぼというところがあるから、もっと現場を、といかないのもよくわかります。

中西　だからこそ、その後の「教育ルネサンス」は現場主義を徹底しました。ある記者が沖縄に出張して、結果として写真1枚撮るだけで帰ってきた回があったんですよ。それくらい現場に足を運べと言ったのは、記者クラブ時代の反動みたいなところがあります。

氏岡　ただ現場もすごく多様じゃありませんか。文科省の研究指定校の現場もあれば、就学援助率のすごく高い現場もある。どういう現場を見るかで見え方も政策の現れ方も違う。

中西　若いころはどうしても指定校みたいなところに目がいきます。私が「教育ルネサンス」で、自分で書いた最後に近い原稿が、格差の象徴のような京都の学校のシリーズでしたが、行政回っているとなかなか足を運ばない。長く取材を経験するなかでわかることもあると思うんです。

氏岡　そうだと思います。いま流行っている政策について書くのか、学校を中心に書くのかで全然取材先の選び方が違います。教科担任制について書くとなると、教科担任制を一生懸命やっていて先頭を走っている学校のことを書く。そうじゃないところを見ようと思ったら、一周遅れを書くわけで、ねらいによってもかなり違うのかなと思いますね。

中西　現場からこういう問題もあると告発することも大切です。その意味で、氏岡さんの学級崩壊のキャンペーンは、問題提起として非常にインパクトがありました。そういうことを訴えることが本来、記者の役割なんだろうと思います。

氏岡　ただ、現場ばかりでもだめで、行政を見ている記者とのキャッチボールが必要なんです。

いじめの社会問題化

氏岡　いじめ問題は教育取材の重要なテーマですが、すべてのいじめが社会問題になるわけじゃなくて、学校の隠蔽とか、教育委員会の動きがあまりにも鈍いとか、そういう問題を掘り下げる報道がこれまで多かったように思います。子どもたちがいじめたい気持ちとか、いじめられる辛さとか、周りで見ている子どもたちの、実は興味津々だったりするというようないじめの諸相について捕まえきれていなかったんじゃないか。大津の事件は典型的で、問題になったのは発生から何ヵ月もたってからです。教育行政や学校の在り方というところで火がついたと思っています。

中西　いじめの問題は結局、大津の事件で法律もでき、教育委員会制度も変わり、出発点と結果がつながっているのかという思いがあります。『囚われのいじめ問題』③という、大津の事件を改めて振り返った研究者の本には、報道の歪みが強烈に描かれています。自殺の練習をさせられていたということが、第三者調査の段階で確認できなくて、その後の裁判でも問題にされていないのに、当初、全国ニュースになって、いまも自殺の練習があったと信じている人はたくさんいると思うんですね。そういう目で事件を捉えているところが報道の在り方の問題提起として衝撃的でした。最近、自殺が問題になったある県でも、遺族から最初、自殺そのものを伏せてほしいと言われたりする。明るみになるまでの経緯はなかなかオープンにできないものだと思うんですが、いじめ自殺が疑われると誤解が生じていって、「隠していた」「対応が悪かった」と責められる。しかも報道機関は一方的に遺族の側だけで書かざるを得ない、あるいは書いてしまう。学校側、教育委員会側は個人情報だとか守秘義務だとかで、反論ができない状態に陥る。

氏岡　学校が何も言えないっていうのは多くのいじめ問題で起きますよね。報道が言える方の立場で記事にするのも、私は責められないと思うんです。弱い立場の遺族の話を記事にしなかったらそれは問題だろうと思うので。ただ、学校の声を聞けないかという努力をどこまでやったのか振り返ってみると、すべてパーフェクトにやったというものばかりではなかった気がします。

中西　伝えるべきことは伝えなきゃいけないんですけどね。

氏岡　学校と報道の関係はむずかしい。とくにいじめの場合、学校の話を聞くのはむずかしいですよ。

中西　いまはSNSで情報が流布するわけですが、自分たちのあいまいな情報や報道をベースにして、やいのやいの言っているのが大半ですからね。

氏岡　少なくとも遺族側の主張だけを記事にし続けるのは多角的な報道とは言えないと思います。何らかの第三者の証言はとる努力をしないとまずい。遺族にとっては、我が子が死んでしまって、どこかにその責任を求めたいという気持ちもわかるし、学校がオープンにしたくない姿勢もあるので、そこをどれだけ斟酌し、また裏をとって書くのかは、すごくむずかしいと思うけど、求められる問題だと思います。その点でも経験は大切です。最初にいじめの取材したときには記者1年目で、母親の言うことを一生懸命、無線で支局に吹き込んで終わり。「これでよかったの?」と思ったのは事実です。

中西　若いころの疑問をベテランになっても持ち続けてほしいですよね。新聞記者は世の中の半歩先を歩けってよく言われますが、一歩引くことも大事なんじゃないかって気がします。本当は、デスクがそれをやらなきゃいけないと思うんですけど。

氏岡　まったくそうです。そうしないと、事実から遠ざかることっていうのはままある。やっぱり多角的に取材をしないと危ないっていう感覚は取材をいっぱいしていると思いますよね。大津のときだって、あとから「そうだったのか」ですよね。苦い思いをした経験からすると、一歩引く勇気、書かない勇気って必要です。他社はみんな書いているのにと言われても、本当にそうだったのかと留保つけなきゃいけないものはつけなきゃいけないんだと思います。

教師の働き方改革の捉え方

中西　「教師の働き方改革は社会に届いたか」と聞かれると、まだまだ届いてないと思います。教師はなんでも献身的にやってくれる大前提が世の中にある気がするし、「なんで17時以降、学校は電話に出ないんだ」という声が出るように、企業なら当たり前のことが学校ではなかなかできないのも、働き方改革が理解されていない裏返しです。私の中にも教師はそういう存在でもあるという思いがどこかにあります。オンラインのイベントで教員の定年延長が話題になって、65歳以上の人が働く職場としてもう成立しないだろうという話になりました。学校という職場を客観的に見直さなければいけない気が最近とくにしています。

氏岡 教師が大変で、過労の問題が社会に届いたのかということであれば、私は以前に比べると届いたと思っているんです。かつては教師が多忙だといっても、夏休みがあるし、会社のほうが徹夜してでもやってるよ、みたいな感覚だった。名古屋大学の内田《うちだ》良《りょう》先生が、「いまほど世論が教師に優しい、好意的な時代はない」と言っていますが、そのとおりです。教師がどんどんやってしまう際限なさの部分が届いているのかと言われると、それはまだだと思いますが。

中西 大変さは確かに伝わっているでしょうね。

氏岡 世界一大変だというTALIS④の調査が強烈でした。他の職業との比較も出たので、他の職業の人のほうが働いているという声にも反論できるようになっているのではないですか。

中西 文科省が改めて実施する勤務実態調査の結果が出たときの世論の動向は、今後の学校に与える影響が大きいと思います。

氏岡 本当に実態を反映していればいいなと思うんですが、タイムカード押してないとか、教頭先生が帰れ帰れと言っても結局持ち帰らないと仕事が終わらないというのもあるし。どういうやり方で調査をするのか注目です。これによって給特法⑤をどうするのかの議論がスタートするのだから、すごく大きな調査だと思うんです。

中西　教師不足の話も東京都はゼロって何なんだろう。年度途中で起きることをどう拾うかはすごくむずかしいとは思うんですけど。

氏岡　教師不足の今回の調査は年度始めと5月1日だけなので。

中西　その後のどこかの時期に起きていることはフォローされてないってことですよね。

氏岡　あとはどんどん増えるんじゃないですか。産休の先生も出てくるし、病休の先生も増えてくるし。慶応の佐久間亜紀《さくまあき》さんたちが調べたX県は増えていましたね。だから調査方法自体も見て記事にしないといけないんです。

中西　報道する側が調査方法に疑問を呈することができるのかが大事ですよね。

氏岡　書いたあとも検証が必要です。調査手法はちゃんと見なきゃいけない。それこそ私はいじめのいまの統計の取り方でいいのかなと思っています。発生件数が認知件数になって、以前は件数がなるべく少ない方がよかったのが、いまは認知できればできるほどいいとなっているので、どれだけいじめの実態を表しているのか疑問符がつく。数字の性格ががらっと変わりました。

中西　とくに小学校が増えているので、小学校の先生方が一生懸命見なきゃっていう動きの反映だと思います。小学校のいじめの判定会議を見学させてもらったことがあるんですが、ここまでやるのか、これが積み上がって何十万件ってなっているのかと思うと、それが多忙の一つになってしまうという気もするんですよ。

氏岡　そういう意味では、いじめ防止対策推進法自体が、参院選の前に大急ぎでできて、しかも議員立法だったので、どこまで練れていたのか、学校現場の実態に即していたのか。ただ3年経っても見直されない⑥。何度も見直されかけてうまくいってないというのはいじめ問題のむずかしさだろうけど、あの法律は現場の実態をくぐらせないとむずかしい法律だと思っています。

中西　議員立法にありがちな穴の抜け方もあると思うんですけど、問題そのもののむずかしさを表しているというのもその通りですね。

教育記者は育つのか

氏岡　そもそも教育記事の読者は減っています。子どもの数が減っていくと両親の数も祖父母の数も減るし、予算も減っていく。教育の分野の記者も減っていくし、異動が早くなる。現場をじっくりみる余裕はなくなる。教育記者がすごく育ちにくいと思っています。私から見ると読売新聞がすごいなって思うのは、支局のころから「教育ルネサンス」をやってもらって、教育記者を育てる形を作っていて羨ましいなと思っていました。

中西　支局時代から「教育ルネサンス」を取材するというのは、「ルネサンス」がスタートしたばかりのころですね。読売新聞はその後、本社に教育部を作って、定員が21人ほどいるはずですけど、教育の専門記者は一体何人いるか考えると……。

氏岡　多い～。すばらしい～。

中西　いろんなことやらされるなかで、専門記者と自他ともに認める記者は何人いるのか考えると将来心配です。歴史をさかのぼると、読売新聞は戦後まもないころも教育部があったんですが、いつ消えたのかわからない。「昭和時代」というシリーズで教育基本法ができるころのことを取材した当時の教育部の記者が健在だとわかって足を運んだんです。ところが残念ながら、もうまともに話は聞けず、記事の掲載直前に亡くなりました。組織があればいいというものではなく、上の方にどう使うかという意識がちゃんとあるかですよ。

――教育政策の監視や検証という新聞社の役割もあるかと思いますが。

氏岡　やはり長いスパンで政策を見られないとまずい。いまだけを見て、教育政策の変化や学校現場の変化とがわかってないと、深みのある多角的な記事は書けないです。そもそも私は教育って全部の分野に通じると思っています。政治教育も経済教育もあるし、文化面でもそうだし、若者と子どもがいれば全部教育取材になる。他の部にいてもいいからそういうセンスのある記者がいないと、次の世の中を生むのが教育の大きな役割ですから、そこは新聞社としては大切にしていかなきゃいけない。ただ、マスメディアの体力の問題として、どのように教育記者を育てていくかは各社共通の悩みでしょう。

中西　長い目で見なきゃいけないっていうのはまったく同感です。たとえば「総合的な学習の時間」ができたときに、戦後まもないころの社会科が〈這い回る社会科〉と批判されただとか、さかのぼれば大正自由教育あたりまで行き着くということが、どこまで当時わかっていたか。知識はあっても深みのあるものは書けていなかった。政策には繰り返しがあるので、過去のことがある程度わかっている必要があります。氏岡さんのおっしゃった何でも教育と関わる話でいうと、「教育ルネサンス」取材班だった時代に、政治部は数ヵ月か長くて半年で担当記者が交代したんですね。早すぎるという見方はあったけど、教育の取材経験がある記者が政治部に戻って、教育に絡んだことが起きたときに昔の経験や身につけたセンスが生きればすばらしいと思います。地方でも昔から教育担当はいるはずだけど、それほど重視されていない。本来は地方にも教育問題はいっぱい取材する場があるので、うまく経験してくれればいいのにとも思います。

氏岡　中西さんの時代、記者クラブの在籍は皆さん何年ぐらいでしたか。

中西　私は1年でクビになってるんですよ。その後、遊軍記者として関わっていましたが。でも予算とか教科書とか決まりごとがあるから、1年でやっと流れがわかる程度で、当時は2、3年務めるのは当たり前でした。もっと長い社もあったし、主《ぬし》っぽい人もいましたね。

氏岡　文科省の方に担当記者が各社どんどん変わりますねって言われたことがありました。
中西　幹部が名前を知らないままで終わったら専門記者とは言えないですよね。
氏岡　もったいない。とても面白い分野なので。正解がない分野って面白いじゃないですか。
中西　それが好きな人か嫌いな人か分かれるんです。昔「編集手帳」を書いていた大先輩が「俺は教育はだめなんだ」ってはっきり言っていました。白か黒かがはっきりしているものが好きなんだって。教育は絶対正しいってないですもんね。医療だったら、死なせないっていうことが基本的には正しい。そこのところが違うんですよね。
氏岡　警察取材とは全然違いますよね。
中西　そうそう、警察は悪いことは悪いと言えばいいわけですからね。

教育記事の読み方・活かし方

——次に教育記事の読み方と活用の仕方をお聞きしたいです。
氏岡　新聞記事に疑いを持つのはいい読者だと思います。ただ、それ以前に新聞記事がどのぐらいの手間暇をかけて作っているのかっていうのは子どもたちにも伝えたいし、わかってもらいたい。そのうえで、たとえばA紙とB紙の社説の読み比べなどをしたり、テレビの報道と比べたりというのはぜひやっていただきたいです。信じないで疑っていただく方がよいと思っているんです。教育はやはり多面的でいろんな評価ができるから。

中西　手間暇かけているって知らない人も多くて、大学生にも自分の取材経験を話したりすると、そんなに手間がかかっているのかと驚かれます。そこはすごく大事だと思います。あと、紙であろうがネットであろうが、ニュースをちゃんと読めるかどうかということが大事で、「ニュースとは何か」というところからもういまの若い人とずれるんです。もちろん紙のよさは重々わかっていますが。あと批判的に読むことについては、時事通信で出されたメディアリテラシーの本⑦が、クリティカルシンキングを「吟味思考」と訳しています。「じっくり考えるんだ」と。クリティカルシンキングを批判的思考ということ自体が誤解されているかなと思います。

氏岡　それはそうですね。

中西　ネットの情報に関しては、大学生にも元々どこが作っているニュースかの意識がなくて、Yahoo!ニュースの提供社が600、700あるはずですが、その中の大半が既存のメディアからの情報だと具体的に調べさせたりしています。それでも、レポートを書くと、Yahoo!ニュースに載っていたって書くんですよ。発信元の意識がないままだと、報道機関としての存在意義をわかってもらえないので、部数減以上に将来が暗くなる気がします。

氏岡　そういう点でこそＮＩＥが大事だと思います。紙かどうかではなく、どんな報道をしているのかという部分だと思うんです。ある大学で、学生にメディアの名前をあげてもらったら、

Yahoo!やテレビ局の名前は出てきても、新聞はなかなか出てこなかった。学生にはそういう位置づけなんだろうなと思うんですが、とても危機感を持ちました。

中西　その点を小学校から意識して伝えてほしいんです。1人1台端末を持つようになって、昔以上に調べ学習はインターネットを使う。信用できるサイトかの吟味は小学校から必要なんですが、先生方がどれだけ意識しているか心もとないです。作る過程を見せるって小学校の社会科見学以外であんまりないですよね。

氏岡　どのように事実関係を吟味しているか、どういうふうに人に聞いているか、どうやって迷いながら記事を書いているか、恥ずかしいけど話していかなきゃいけない。ニュースとは何かということを子どもたちにも考えてほしいと思っています。ある学校で学級新聞を見せてもらったときに、(見出しが一段の)ベタ記事をトップ記事にしようって話しました。何月何日席替えをした、どういうやり方でしたと書いてあるから、君たちは視力が悪い子のことはどのくらい意識したかな、いままでにどういう席替えの方法をやったのか調べてみようって図をつけたりするとトップになっちゃう。席替えってどういう配慮が必要だろうと考えることが学級のみんなのことを考えることにつながるよねとか。子どもたちに何がニュースなのか、もっと記者の側から話せたらいいなって思っているんです。

中西　新聞づくりって小学校で必ずやりますよね。私も地元の小学校で批評や解説をしたことはあるんですが、新聞社がもっと手間を惜しまず、新聞づくりの単元にターゲットを絞って記者が足を運ぶ取組をやってほしい。新聞協会が音頭を取れば、全国に新聞づくりの仕組みが伝わるはずです。昔、社内で提案したこともありますが、そのあたりから始めないと、新聞を身近に感じてもらえない。中学生になったらスマホばかり見て紙の新聞を読もうってならない。新聞の作り方や見出しの付け方は記者なら誰でも語れるけど、先生には語れないんですよ。

氏岡　かみ砕いて言わないといけないんじゃないかって思ってるんです。たとえば一つの記事がどういうふうにできていくか。たとえば、「教育ルネサンス」の沖縄の話とか。

中西　沖縄の平均寿命の順位が下がっている原因に、生活のアメリカナイズ化があるんじゃないかっていう食育の話。何とかしようと思っている人の写真を撮りに行ったという話です。

氏岡　でも沖縄まで行っても、話が本当でなければ記事にできない。間違っていたら、私たちはその情報を捨てる。事件取材だとものすごく歩留まりは悪いですよ。1行のためにものすごい時間をかけたりしますので、取材をした全部が記事になっていると思わないでねと言いたい。

――最後に学校現場にお伝えしたいことがあれば。

氏岡　ずいぶん前のことですが、校長先生の机の上に危機管理対応マニュアルというのが置いてあって、マスコミも危機管理の対象なんだと知らされた。校長先生にマスコミのイメージをお聞きすると、自分の学校で事件や事故が起き、フラッシュが焚かれて自分が謝っているシーンなんです。そういうイメージがあると、なかなか学校の現実がわかる深い報道はできません。新聞記者がどのように考えてどんなことに悩んで取材しているのかをもっと伝えなければと思いました。親しくなった先生方には、いかに自分が失敗したり、悩んだりしているかを伝えて、メディアのことをわかってもらおうと努力はしてきましたが。校長先生方も記者が来たらいろいろ聞いてみてやっていただけないかなと。それでどんなふうに記事ができているのか関心を持っていただけたらうれしいです。

中西　さっきの記者派遣は、そういう話をするきっかけにもなる気がしますね。それこそネットフリックス版の『新聞記者』を見ても、主人公だけはカッコいいけど、あとはフラッシュ焚いているシーンとか、無理無理押しかけてきて話を聞く週刊誌の記者とか、描き方がステレオタイプなんですよ。ああいう映像を見たことある人はたくさんいて、イメージが焼き付いてしまっています。そこを打破するには、学校に記者が出向くしかない。

氏岡　以前より記者が忙しくなってきているように思えてならないんです。速報で書かなければならないニュースが増えて、世の中の動き自体が早い。一方で教育にはスローニュースな部分がある。そこをどこまできちんと書けるのかが大切で、一番むずかしいのは「普通」をどう書くか。普通の学校、普通の学級で起こっていることはなかなかニュースにならないけど、実はそれが大変な問題をはらんでいたり、大変な価値があったりする。普通をどう書くかというのがこれからの教育報道ですごく重要だと思っています。そういう意味でも、普通の校長先生のところに行って話をするのは大切なんですが、スピードニュースに追いまくられる状態が続いている。

中西　確かに「普通」はニュースになりにくい。でも、みんな自分の住んでいるところに学校はあるし、多くの人は子どもを通わせる。一市民として学校や教育に関心を持って、記者の仕事はこういうもんだよと地道に伝えてほしい気がするんですよね。若い人にそういうことをさせる上司がいてほしいです。

①辻村哲夫・中西茂『もう一度考えたい「ゆとり教育」の意義』悠光堂、2020年
②読売新聞の長期連載で2005年にスタートした。
③北澤毅・間山広朗編『囚われのいじめ問題　未完の大津市中学生自殺事件』岩波書店、2021年
④OECDによる国際教員指導環境調査。2018年の調査で「日本の小中学校教員の1週間当たりの仕事時間は最長」という結果が出た。
⑤公立の義務教育諸学校等の教育職員の給与等に関する特別措置法
⑥いじめ防止対策推進法は附則で「施行後三年を目途として、この法律の施行状況等を勘案し、検討が加えられ、必要があると認められるときは、その結果に基づいて必要な措置が講ぜられるものとする」と見直し規定がある。
⑦坂本旬・山脇岳志『メディアリテラシー　吟味思考（クリティカルシンキング）を育む』時事通信出版局、2022年

メディアリテラシーの重要性

2017年4月号

社会と教育現場のギャップ

3月を迎える時点の、教育界における最大の論争点と言えば、もしかすると、新しい学習指導要領ではなく、❶文部科学省の再就職あっせん問題ではないか。少なくとも社会一般の関心はそちらに向いている。

文科省関係の会議や記者発表の席上でも、同省の局長や課長が冒頭、お詫びの言葉を繰り返すのを目にした。数えきれないほどの幹部の名前があがり、この問題が教育政策の進展を鈍らせかねない勢いだ。❷教育改革の大きな節目の時期だというのに、好ましいことではない。

視野を世界に広げると、勢いがとどまるところを知らないニュースのタネは、マレーシアでの北朝鮮の金正男《キムジョンナム》氏殺害事件と米国のトランプ大統領を巡る問題だろう。トランプ政権とメディアの対立は、激しさを増すばかりだ。

❶当時の高等教育局長の私大への「天下り」に端を発した事件。その後の文科省の調査により組織的な天下りが明らかとなり、前川喜平事務次官（当時）が引責辞任した。

❷改訂学習指導要領の告示を控えていた。

ところが、こうした社会の劇的な動きと、教育現場とのギャップがあまりに大きすぎると感じている。教育界ではいまだに見過ごされているように見えるが、注目してほしいのは、マスメディアやソーシャルメディアの情報を読み解くための教育のことだ。この問題で論争を巻き起こしたいと考える。

フェイクニュースを見分ける

トランプ大統領が、自身を批判するような都合の悪いニュースを、「フェイク（うそ）ニュース」と決めつけている。そのほこ先は、ニューヨーク・タイムズやCNNテレビといった大手メディアに向いている。TwitterやFacebookといったSNS（ソーシャル・ネットワーキング・サービス）を主な情報源にしていて、どちらがフェイクなのか、見分けられない国民が増えているようだ。〈トランプ王朝〉誕生の背景には、米国社会の疲弊の大きさがあるのだろうが、フェイクニュースが〈王朝〉誕生を後押ししたという見方もできるのではないか。

「地球温暖化はでっちあげ」といった声さえあがる。客観的な事実が軽視される「ポスト・トゥルース」（脱真実）といった言葉も、たびたび使われるようになった。

もちろん、こうした潮流は、米国だけのことではない。熊本地震での「動物園からライオンが逃げ出した」騒動では、Twitterでデマの投稿をした若者が逮捕された。そんな例は、日本でも探せばたくさんある。

事態が急速に進んでいるなかで、メディアリテラシーの重要性が、これまでと比べものにならないくらい増している。そのことに、教育界の人がどれだけ気づいているのだろうか。

社会の動きに鈍感な大学生

大学生にメディアリテラシーについて何度か授業で話した。新聞やテレビをほとんど見ないで、Twitterなどのツイッターを情報源としている学生が相当数いる。ところが、そうしたSNSのなかに、いかにデマやウソのニュースが多いかということに、気づいていない学生が少なくないのである。

SNSをニュースの情報源にしている学生ほど、既存のマスメディアのニュースに懐疑的な傾向があるような気もしている。

そして、若者が「新聞を読まない」「テレビも見ない」と嘆く以前の問題として、まっとうなニュースを掘り下げて考えていないからか、社会の動きに鈍感な学生が少なくないように思う。直近に、新聞の一面トップや社会面で騒がれたニュースのことを話しても、ちょっと突っ込むと、学生は知らないことだらけ、という事態が起きてしまった。

こうした状態が日本中に広がっているとしたら、選挙権年齢の18歳への引き下げで、ようやく注目を集めるようになった主権者教育どころではない。これを放置していると、我が国にも、トランプ大統領のような為政者が生まれてもおかしくないような気がしている。

小学校社会科の授業への疑問

だからこそ、小学生のうちから、段階を踏んでニュースの読み方を知っておく必要がある。

新聞や放送などのマスメディアや情報の重要性を学ぶことは、現在の教科書にもかなり盛り込まれてはいる。❸次の学習指導要領が実施されると、その点がより鮮明になるはずである。

ところが、ある小学校で6年生の社会科の授業を見て愕然とした。日本と関係のある国を調べて、タブレットでプレゼンテーションをする時間だった。まず、発表する際に、情報源や書き込んだ情報が作られた時期を明示するという指導がなされていなかった。その結果、「韓流ドラマの流行など、日本と韓国

❸小学校は2020年度、中学校は2021年度、高等学校は2022年度から年次進行で実施となっている。新学習指導要領では児童生徒の「情報活用能力の育成を図るため」新聞などの教材・教具の適切な活用を図ることが総則に明記された。

の関係は改善の方向に向かっています」といった発表をした児童に対し、教員からは何のコメントもなかった。釜山の総領事館前に設置された少女像問題で、日本政府が駐韓大使を一時帰国させている最中に、である。

図書館に新聞を！

一方で、小学生に直接、ニュースについて話す機会も、最近もらった。その結果、小学校の高学年ぐらいなら、新聞を開きさえすれば、関心を持ってくれる児童がそれなりにいることがわかった。なかには、株価に注目しているような子もいて、こちらが驚かされた。

ところが、こうした時間を日常的に作ることは容易ではない。新聞を購読しない家庭も増えているなかで、学校図書館に新聞を置いていない小中学校のほうがいまだに多い。

❹現行の学習指導要領で言語力の育成が大きく掲げられたのをきっかけに、❺現在では新聞代が地方交付税の積算に組み込まれている。その仕組みができてから5年目の❻2016年のデータで、図書館に新聞を置く小学校は41・1％、中学校は37・7％に過ぎない。

地方交付税の不交付団体である東京都の区部の教育委員会など、交付税とは

❹2008年告示の旧学習指導要領。

❺第4次「学校図書館図書整備5か年計画」により学校図書館への新聞の配備が進められ、現在は第6次計画が2022年度〜2026年度を対象期間として実施中である。

❻2020年度の調査では小学校49・4％、中学校46・6％となっている。普通教室での配備も含めると56・9％、56・8％となる。

関係ないから、学校まかせで、どこ吹く風、であったりもする。

新聞社出身だから言うのではない。もっと別次元の危機感を抱く。

何が問題で、何が課題か

実は、冒頭にあげた文科省の再就職あっせん問題にしても、あふれる情報のなかで、ニュースを受け取る人が、何が本当にいけないことかを読み取る必要がある。

文科省から大学などへの再就職自体は、これまでたくさんなされてきたし、それ自体は周知の事実である。[7]やり方が法に触れたという判断だが、再就職として受け入れたから補助金が増えるといった単純な話ではけっしてない。

どうしたらこのような問題が起きないようにできるのか。マスメディアは、そういった視点の情報も示すべきだ。情報を受け取る側も、「文科省は腐っている」「いい思いをしやがって」などと、一方的に批判の言葉を投げかけるだけではそれこそ〈社会の分断〉が進む。

情報を吟味できてこそ、メディアリテラシーのある大人である。その素養は、やり方次第で幼い頃から身につけられる。そのための協力は、筆者も惜しまないつもりだ。

[7] 国家公務員法上の再就職等規制違反にあたるとされた。

あとがき

筆者が先輩記者から引き継ぐ形で「教育界最新論争点」という名のコラムを『別冊教職研修「学校管理職合格セミナー」』で書き始めたのは２００９年７月号からです。２００５年から４年余り務めた読売新聞の長期連載「教育ルネサンス」の担当デスク（編集長）を外れた直後のことでした。

その後、北海道支社や東京本社調査研究本部勤務を経て大学の教員に転じてからも、コラムを書かせていただいている教育開発研究所という会社の懐の深さに驚くばかりです。新聞記者並みに「最新」という言葉にこだわって書いてきましたが、取材不足から見通しを誤ったケースもないわけではないからです。

書籍化にあたってのキーパーソンの人選も、依頼まで済んだ時点で、不覚にも７人がすべて男性という事態に気づきました。ジェンダーバランスのうえで問題であることは言うまでもありません。次はこのシリーズの女性版をなどと言い出したら、それこそ問題視されるかもしれませんが、女性の目から見ると教育改革はどう映るのか、男性との違いがあるのかないのか、聞いてみたい視点です。ただ、まずは対談相手の氏岡《うじおか》真弓《まゆみ》さんに確認しておくべきでした。

また、この10数年の教育改革を考えるうえで、本当は欠かせない人物がいます。本書にも名前は登場する鈴木《すずき》寛《ひろし》氏です。民主党政権で副大臣を務め、政権が自民党に戻っても補佐官を務めたスズカン氏は、まぎれもなくキーパーソンでしょう。ただ、鈴木氏の教育界への関わりはまだリアルすぎる話も多そうなので、別の機会にじっくり話をお聞きしてみたいと思っています。

いずれにしても、10数年に及ぶ原稿すべてに目を通し、どの原稿を選ぶかから始まって、インタビュイーとの調整（インタビューはすべてZoomで行われた）もすべてお願いした教育開発研究所の大沼和幸さんには感謝の言葉しかありません。連載原稿の脚注づくりの作業も含め、本書は大沼さんと二人三脚でできたと言っても過言ではないのです。最後に、連載の歴代担当である武田宜大さん、岩城信一さん、桜田雅美さんや月刊『教職研修』編集長の岡本淳之さん、さらに本としてまとめる決断をしていただいた社長の福山孝弘さんにも感謝を申し上げたいと思います。

2016年3月号	**三つの答申とコーディネーター**
2016年4月号	重大事態とは何か
2016年5月号	組体操問題とどう向き合うか
2016年6月号	新しい教育課程を展望する
2016年8月号	2017年の教育を展望する
2016年9月号	学校現場の業務改善は進むのか
2016年10月号	道徳教科化の課題
2016年11月号	教育相談をどう充実させるか
2016年12月号	いじめ防止対策の見直し
2017年1月号	不登校政策を問い直す
2017年2月号	国際学力調査が問いかけたこと
2017年3月号	**新学習指導要領の問いかけ**
2017年4月号	**メディアリテラシーの重要性**
2017年5月号	パブコメから読む新学習指導要領
2017年6月号	**教員育成協議会と育成指標の課題**
2017年8月号	2018年の教育を展望する〜〈働き方改革〉下における〈次世代の学校〉づくり〜
2017年9月号	**本気度が問われる「働き方改革」**
2017年10月号	**10回目の全国学力テスト**
2017年11月号	人生100年時代と働き方改革
2017年12月号	**問題行動等調査と指導死に見る教師**
2018年1月号	他者との問題解決能力を測る
2018年2月号	〈学びの基礎診断〉の見方
2018年3月号	「人づくり革命」の見方
2018年4月号	高校の新学習指導要領の注目点
2018年5月号	アルマーニ騒動に見る学校経営
2018年6月号	**曲がり角に立ついじめ第三者調査**
2018年8月号	**教育振興基本計画と「未来の教室」**
2018年9月号	OECDから見た日本の教育
2018年10月号	**先生が足りない!?**
2018年11月号	全国学力テストの使い方
2018年12月号	文科省の組織再編と人事を見る
2019年1月号	教員の働き方をどう変えるのか
2019年2月号	入管法改正後を見通す
2019年3月号	高校をどう変えるのか
2019年4月号	いじめ防止法改正の行方
2019年5月号	**働き方改革答申のその後**
2019年6月号	**授業時数を巡る騒動の読み方**
2019年8月号	**中教審はどこに向かうのか**
2019年9月号	学校とスマホの関係
2019年10月号	教員養成旗艦大学の議論の行方
2019年11月号	教職の魅力をどう伝えるのか
2019年12月号	大川小判決から考える防災
2020年1月号	**不登校政策の先に見えるもの**
2020年2月号	PISAの読解力低下をどう読むか
2020年3月号	教員不足と働き方改革
2020年4月号	教員のハラスメントと管理職
2020年5月号	新型コロナ禍の下の学校運営
2020年6月号	長期休校の先にあるもの
2020年8月号	学校再開後の学習をどう進めるか
2020年9月号	**教育再生実行会議を総括する**
2020年10月号	withコロナの学校運営
2020年11月号	**デジタル改革と新年度予算**
2020年12月号	データから見る“問題行動”
2021年1月号	**学校が多忙から抜け出すために**
2021年2月号	令和の学校の条件を考える
2021年3月号	中教審答申とデジタル教科書の見方
2021年4月号	校則巡る判決と主権者教育
2021年5月号	学校施設をどう変えるのか
2021年6月号	「＃教師のバトン」と免許更新制

＊連載「教育界最新論争点」は『別冊教職研修「学校管理職合格セミナー」』で現在も継続中です

＊太字の記事を本書に収録しています

連載タイトル一覧

2009年7月号	学力テストは公表すべきか
2009年8月号	教育予算は増やせるのか
2009年9月号	民主党政権は教育を変えるか
2009年10月号	教育と福祉の融合が必要だ
2009年11月号	政策は「白か黒か」に限らない
2010年1月号	〈事業仕分け〉の問題点
2010年2月号	高校無償化は何をもたらすか
2010年3月号	「脱ゆとり」の先にあるもの
2010年4月号	「新しい公共」と教育
2010年5月号	大学選びが変わる
2010年7月号	**本格化する民主党版教育改革**
2010年8月号	**学校の情報化はどこまで進むか**
2010年9月号	熟議は何を生むのか
2010年10月号	学力テストをどう見直すのか
2010年11月号	**教員の資質能力向上策とは**
2011年1月号	仕分け政治と教育
2011年2月号	**教員の能力をどう向上させるか**
2011年3月号	いじめ問題とどう向き合うか
2011年4月号	小学校英語の先にあるもの
2011年5月号	週5日制下の学習指導要領を考える
2011年8月号	大震災とどう向き合うか
2011年9月号	デジタル学力と教育の情報化
2011年10月号	震災と学校の情報発信
2011年11月号	揺らぐ教育と政治の関係
2012年1月号	教員の能力向上策の方向性
2012年2月号	続・教育と政治の関係
2012年3月号	いつまで続く国旗・国歌問題
2012年4月号	覚悟が問われる秋入学
2012年5月号	武道・ダンス必修化に思う
2012年6月号	学び続ける教師をどうつくるか
2012年8月号	国家戦略としての教育を考える
2012年9月号	**いじめ対応に不足していたもの**
2012年10月号	いじめ対策を追いかけて
2012年11月号	**いじめと教員養成**
2013年1月号	教育政策の継続性と自民党
2013年2月号	安倍政権の教育政策を展望する
2013年3月号	「教育再生」の実行度
2013年4月号	いじめ自殺の報告書を読んで
2013年5月号	教育振興と安倍改革
2013年6月号	教育委員会は変われるのか
2013年8月号	**いじめ防止対策法を読む**
2013年9月号	アレルギー事故をなくすために
2013年10月号	体罰調査をどう生かすか
2013年11月号	学力テスト公表と教育委員会
2014年1月号	教科書は変わるのか
2014年2月号	教委制度見直し答申を読む
2014年3月号	社会科再編の時代が来た
2014年4月号	テストは何のためにやるのか
2014年5月号	**新段階に入ったICT活用**
2014年6月号	役割増す教育委員会
2014年8月号	2015 教育界の展望
2014年9月号	いじめ対策法1年
2014年10月号	学力テストの都道府県比較を考える
2014年11月号	小中一貫教育をどうとらえるか
2014年12月号	教員の役割分化と“チーム学校”
2015年1月号	**新学習指導要領と主体的学び**
2015年2月号	学力テスト公表方法調査の読み方
2015年3月号	学校統廃合という〈選択〉
2015年4月号	**動き出した新学習指導要領の議論**
2015年5月号	**コミュニティ・スクールの広げ方**
2015年6月号	教科書検定と能動的学修
2015年8月号	2016年教育の展望
2015年9月号	〈チーム学校〉といじめ自殺
2015年10月号	学習指導要領改訂の背景と課題
2015年11月号	18歳選挙権とどう向き合うか
2015年12月号	教育機会の多様化は進むのか
2016年1月号	LGBTと学校
2016年2月号	エビデンス・ベースの教育

[著者紹介]

中西 茂 なかにし・しげる

玉川大学教育学部教授／教育ジャーナリスト

1958年、三重県生まれ。早稲田大学政治経済学部卒。元読売新聞編集委員。長期連載「教育ルネサンス」の立ち上げ人で、教育問題の取材歴は30年近い。2009年から『別冊教職研修「学校管理職合格セミナー」』で巻頭コラム「教育界最新論争点」を続けている。2016年から玉川大学教授。文部科学省で、中央教育審議会教員養成部会などの委員、教育相談などの協力者会議の委員を務めた。現在、教育委員、学校運営協議会長、学校関係者評価委員長として学校現場を見る立場でもある。著書に『もう一度考えたい「ゆとり教育」の意義』（悠光堂、共著）など。

教育改革を問う

キーパーソン7人と考える「最新論争点」

2022年11月25日　初版発行

著　者………………中西 茂
発行者………………福山孝弘
発行所………………株式会社教育開発研究所
〒113-0033　東京都文京区本郷2-15-13
TEL：03-3815-7041（代）　FAX：03-3816-2488
URL：http://www.kyouiku-kaihatu.co.jp
E-mail：sales@kyouiku-kaihatu.co.jp
振替　00180-3-101434
デザイン＆ＤＴＰ…shi to fu design
編集担当……………大沼和幸
印刷所………………中央精版印刷株式会社

ISBN 978-4-86560-560-0　C3037